丛书编委会

大家精要

西塞罗

栾爽 著

陕西师范大学出版总社

Cicero

图书代号 SK16N1010

图书在版编目（CIP）数据

西塞罗 / 栾爽著. —西安：陕西师范大学出版总社
有限公司，2017.1（2024.1重印）
（大家精要）
ISBN 978-7-5613-8707-8

Ⅰ.①西… Ⅱ.①栾… Ⅲ.①西塞罗（Cicero Marcus
Tullius 前106—前43年）— 传记 Ⅳ.①B502.42

中国版本图书馆CIP数据核字（2016）第271381号

西塞罗　XISAILUO

栾　爽　著

责任编辑	郑若萍　陈柳冬雪
责任校对	舒　敏
特约编辑	杨　琳
封面设计	张潇伊
出版发行	陕西师范大学出版总社
	（西安市长安南路199号　邮编710062）
网　址	http://www.snupg.com
印　制	永清县晔盛亚胶印有限公司
开　本	650 mm×930 mm　1/16
印　张	10
字　数	100千
版　次	2017年1月第1版
印　次	2024年1月第2次印刷
书　号	ISBN 978-7-5613-8707-8
定　价	45.00元

读者购书、书店添货或发现印刷装订问题，请与本公司销售部联系、调换。

电话：（029）85303879　传真：（029）85307864　85303629

目　录

序 言

西塞罗（Marcus Tullius Cicero，前 106～前 43）是罗马著名政治家、演说家、法学家和哲学家，古典共和思想最优秀的代表，罗马文学黄金时代的天才作家。

当西塞罗于公元前 106 年出生时，罗马贵族共和国已度过了四百年。这个共和国是贵族的天下。西塞罗作为非贵族出身的普通子弟，突破各种樊篱，无论是在学术上还是在政治上都达到了共和国的顶峰，这样的成就在古罗马的这段历史上是极为罕见的。

他的成功得益于他的智慧、勤奋、口才和政治上的活动能力。就像在学术上，他调动一切智慧，在政治上，他也竭尽全力运作他能调动的一切手段。年轻时，他投在罗马著名的法学家斯凯沃拉的门下学法律。短短的几年间，他除了得到系统的法学知识外，还通过老师结识了共和国的法学权威，结交了不少罗马的著名思想家。他以出色的律师身份走上了仕途，当过财务官和市政官。公元前 70 年，他代理的威勒斯（前 73～前 71年任西西里总督，因残酷对待、盘剥当地民众而遭到告发）案，又引起了全国的轰动。西塞罗是控方的律师，他把辩护律师——罗马的法律权威霍滕修斯驳得体无完肤。自此，西塞罗奠定了"罗马第一律师"的名声。

公元前63年，43岁的西塞罗当上了执政官——国家领导人，这是他政治生涯的顶峰。他在任内最著名的事是镇压喀提林的叛乱。此后，他除担任过一任西西里总督外，主要是通过元老院发挥作用。他与布鲁图有很好的关系。虽然他在道义上是支持布鲁图针对恺撒的密谋的，但并没有参加具体的组织与行动。这样一来，再加上他与马可·安东尼（罗马后三头之一）的恩怨，厄运就降临了。最终，他以自己的生命为共和国作出了献祭。

希腊文明中的人文主义知识和思想成果之所以能够在罗马被宣扬并流传后世，其中西塞罗功不可没。他是上古时期西方自然法思想的集大成者，他的政治、法律和伦理思想与希腊的政治、法律和伦理思想一脉相承。他在前人基础上进一步阐发的哲学、伦理、政治和法律思想，对整个罗马时代以及后世的精神生活都产生了巨大的影响。当然，至于西塞罗其人，主要是对他的品格和性格有不同的评价，其中既有溢美之词，也不乏批评之声。但无论如何，在西方哲学和政治、法律思想史上，西塞罗占有如此重要的地位，以至于我们谈论西方思想史时绝不能绕过西塞罗。

西塞罗在古罗马历史上是一个灵魂性人物，他驰骋罗马政坛，而在学术思想上主要承袭于古希腊思想家。也因这一传统认识，西塞罗往往被误认为在哲学上并无多大建树，在理论上更是缺少独创性、一贯性，后世学者也更多地将他定位于一个实务家。但是真正细读西塞罗，我们也许只能承认此种见解的部分正确性。

萨拜因对西塞罗作如下评价："他的书有一个绝对不容忽

视的优点，无论谁都要读。"因为"一种思想一旦保存在西塞罗的著作里，那它就会在全部未来的时光里被广大的读者保存下来"。古往今来的许多哲学家、思想家以及政治家一般都是泾渭分明的，比如卢梭之于罗伯斯庇尔，马克思之于俄国革命家。但是在西塞罗的身上，这两种身份并非截然分明。即使西塞罗不是一个纯粹的哲学家，但也并非纯粹的政治家，毋宁说他是一个哲学家和政治家的中间体，很好地融合了两者的特长，也出色地履行了两者的职责；既在一定程度上维护了罗马贵族共和制，创造了罗马的伟大辉煌，又为后世留下了丰富的思想遗产。

第 1 章

童 年

一、风云激荡的时代

古罗马的历史一般可以分为三个时期：王政时代（约前 8 世纪～前 6 世纪），共和时代（约前 509～前 27），帝国时代（前 27～476）。传说中的罗慕洛斯建城之后，罗马经历了 240 多年的"王政时代"。王政时代的第八个王——史称高傲者塔克文（Lucius Tarquinius Superbus）残暴专制，最后被推翻。罗马人选举推翻塔克文有功的两个贵族为执政官，使二者互相制约，以平衡权力。罗马建立了共和制度。

平民和贵族的斗争从废除王政后一直持续，经过二百多年的斗争，罗马的社会结构发生了巨大变化。贵族和平民开始合流，国家利益能在各个阶层之间合理分配，罗马的国家机关和法律体系也日趋合理与完善，共和国政治制度日益成熟。

随着罗马的扩张，威胁共和制生存的问题开始出现，兵源匮乏日益严重。当时罗马实行征兵制，公民按照财产分级编入军队，越富的人承担的兵役越重，没有地产的罗马公民不服兵役。但是随着生活两极分化愈来愈严重，穷人和无地产者越来越多，符合征兵条件的公民越来越少。一些有远见的政治家试图解决这一问题。公元前133年，提比略·格拉古当选为保民官，他上任后进行了改革，规定私人占据公有土地不得超过500犹各（1犹各合2520.6平方米），超出部分由国家收回，再分给无地公民。该法案虽遭到富人的强烈反对，仍顺利通过。愤怒的贵族们在提比略竞选第二任保民官时将其杀害。十年后，提比略·格拉古的弟弟盖约·格拉古当选保民官，他承袭了提比略的土地方案，还提出了其他解决兵源匮乏问题的方案，如移民法、兵役法，又提出扩大公民权利的法案，但罗马公民都对该法案不满，盖约也被贵族杀害。格拉古兄弟的遇害意味着共和原则的废弃。从此，罗马政坛上就笼罩着暴力与血腥，共和国覆灭的命运已经注定了。

西塞罗生活的时代正是罗马共和制走向衰落的时期。公元前107年，马略当选为执政官，并担任军队统帅。为解决兵源匮乏的燃眉之急，元老院同意马略改革军事制度，用自己的方式招募新兵。马略改革内容众多，其中以募兵制代替公民兵制、军饷报酬制、士兵服役年限延长至十六年等几项措施对罗马的军事制度和政治制度影响相当深远。实行募兵制后，长期困扰共和制的兵源匮乏问题终于得到解决，但募兵制和共和国制的精神格格不入：募兵制下，军队从国家领取薪水，士兵利益与公民利益剥离。公元前83年，苏拉率领军队回到意大利，进攻马略控制下的罗马，并在第二年攻下罗马。罗马被自己的公民攻陷，这在公民兵制下是难以想象的。

马略进行军事改革二十多年之后，被苏拉击败，元老院赋予苏拉统治罗马事务的全部权力，罗马出现了第一个军事独裁者——苏拉（Lucius Cornelius Sulla）。苏拉进军罗马后，实行恐怖统治，发表"公敌宣告"，共拟定三批公敌，被宣布为"公敌"的人，可不经审判而被处死。他被宣布为无限期独裁官，掌握了全部国家权力。公元前70年，克拉苏（Marcus Licinius Crassus）和庞培（Gnaeus Pompeius Magnus）这两个野心勃勃的人当选为执政官，他们迅速废除了苏拉制定的宪法。由于在亚洲打了胜仗，庞培在罗马大受欢迎，而克拉苏尽管镇压了斯巴达克斯领导的奴隶起义，却不受欢迎。庞培与其他有前途且日渐重要的将领结盟，这些将领中最得人心的就是出身于贵族世家且才华横溢的统帅盖尤斯·尤利乌斯·恺撒（Gaius Julius Caesar，前100~前44）。克拉苏、庞培和恺撒三人达成协议，建立了"前三头政治"，这标志着共和国开始走向灭亡。

恺撒在北部的法国、比利时和大不列颠南部打了大胜仗，但在他返回罗马之前，"前三头政治"已经不复存在。克拉苏在与中东帕提亚人的战争中死去，而庞培则转而对抗恺撒。后恺撒突然率领第13军团进入罗马，庞培和贵族们仓皇而逃。恺撒的权力很快达到巅峰。他授意元老院任命他为可以执政十年的独裁者，被授予统治罗马国家的绝对权力，在任何实际需要时可以不受法律和宪法的约束。两年后，他被任命为终身独裁者，集各种权力于一身。恺撒的绝对权力，使他成为绝对统治者、古罗马皇帝、最高统治者，他看起来更像一个君主。在位期间，他着手进行了许多卓有成效的改革，奠定了帝国的基础。一些以罗马共和国为荣的罗马贵族，对他的权力极为愤恨不平。公元前44年，他被共和派贵族刺杀身亡，更加速了共和国向帝制的转变。

反叛者企图和平回归共和制的梦想却在现实中变成了另外一场长达十三年的残酷的内战。恺撒的追随者们建立了"后三头政治"，他们与那些阴谋反叛者斗争并在希腊菲力皮获胜。

"后三头政治"由恺撒继子马可·屋大维（Caius Octavius Thurinus，自称卡尤斯·尤利乌斯·恺撒·屋大维）、恺撒的部下马可·安东尼（Antony）和马可·艾米利乌斯·雷必达（Lepidus）组成。然而得到元老院支持的屋大维不久就与在埃及得到女王克莉奥佩特拉支持的马可·安东尼发生了分裂。双方的战争于公元前31年结束，马可·安东尼和埃及女王克莉奥佩特拉在海战中失败，两人于次年在亚历山大城自杀。

战争的结束也标志着罗马共和国的灭亡。屋大维夺取了恺撒曾经拥有的所有权力，只是在形式上没有作任何关于共和国制度的改变。他确定自己为绝对的统治者，最初他自称为"元首"（罗马的首席公民，prince 的由来），后来称为"奥古斯都"（威严或最高的）。在遗言中，他自诩完成了恢复帝国和平与秩序的使命。但他只是保留了共和国的名义和一些称谓，实质上却逐步埋葬了共和国制度。

二、古老的家族

西塞罗于公元前106年1月3日出生在罗马东南大约一百公里外沃尔斯克地区的一个古老的山区小镇阿尔比尼姆（现称阿尔皮诺）。阿尔比尼姆位于拉提乌姆界内，坐落在利里河河谷的山冈上。这里生活着一个质朴的并伴有山区气息的居民群体——沃尔斯奇人。这片土地上生产葡萄、油橄榄、少量小麦，以及每一个家庭的生活必需品。那里的人们以务农为主，祖祖辈辈过着自给自足的生活。家乡的田野山川和淳朴的民风给西塞罗留下了难以磨灭的印象。多少年以后，每当回忆起童年的往事和家乡的秀丽景色，他都感到无比的温馨。

阿尔比尼姆的居民自公元前 188 年以来便取得了充分的公民权。在西塞罗青少年时期，阿尔比尼姆成为享有特权的自治市。这里曾经历了一段非常活跃的地方政治生活。阿尔比尼姆的居民有着极强的荣誉感，一座昔日修筑的宏伟古城墙昭示着小镇悠久的历史，是居民的骄傲。阿尔比尼姆在独立时期曾是一个强盛的城市，有过自己的国王。因此，有人推断，蒂利氏族，即西塞罗所属的那个氏族，是王室的后裔之一。

西塞罗自幼生活在一个富裕而有教养的家庭里。西塞罗的祖父是一位有声望的政府官员，极为看重传统，非常仇视来自希腊的变革。他说："我们这里的人就像是叙利亚的奴隶；他们对希腊了解得越多，他们就越卑鄙。"西塞罗的祖父毕生都反对旨在将秘密选举引入市政议会的议案。据说，曾有一位罗马执政官劝说他到罗马去做官："嗨，西塞罗，就凭你的能力和功绩，只要你愿意，就不要留在你的市政府了，跟我一起去管理那些事关国家最高利益的事务去吧！"但他故土难离，至死也未离开那座小城。西塞罗的母亲赫尔维亚出身高贵，品德端正，持家有方，过着优雅的生活。爱好文学的父亲是罗马骑士。骑士源于王政时期，在罗马共和国的早期是罗马军事力量的重要组成部分，因为有机会进入元老院，并发展成为新贵的一员而拥有较高的政治地位，又因其是罗马五个社会等级中第一等级的最富的那一部分，因而拥有较强的经济实力。当时，骑士是一个实力等级，是得到首肯的具有一定特权、义务和声望的等级。他们关心的是稳定，对国家和政治方面有一定的影响。西塞罗的父亲思想比较开通，他很向往到罗马担任行政官员，但由于身体孱弱，未能如愿。据西塞罗所言，其父一生都在从事研究工作，为了使他的两个儿子（西塞罗与其弟昆图斯）能接受良好教育，一度离开阿尔比尼姆，移居罗马。他认为，年轻人在罗马接受传统教育，可以使他们保持民族传统和道德观念，并结识一些知名人物，以便能有一个辉煌的前程。

古老的家族对西塞罗的影响是深远的。他的祖先是无可争议的显赫人物，他从那里感受到了一种极为古老的罗马精神，那是一种从属于一个共同体、在这个共同体中大家族的首领对于这个共同体负有的责任感。这种精神和责任感驱使他们为共和国鞠躬尽瘁。后来他根深蒂固的政治行为准则之一的共和政体信念就在那时扎下了根。古老的家族使西塞罗很小就产生了强烈的荣誉感。西塞罗被有些人所诟病的虚荣心实际上是对荣誉的渴望与孜孜不倦的追求。这种荣誉是古代人最深厚、最持久的动力之一——荣誉可以使自己的名字世代相传，至少可以使你声名显赫，荣誉会促使人出类拔萃。在罗马，荣誉是一种人们熟谙的、最为有效的树立威望，并在国家命运中发挥重大作用的手段。而在西塞罗还是孩提时期，就已牢固树立起了荣誉观念。与此同时，西塞罗的等级观念也树立起来。他认为："城邦的每一个成员应扮演属于他的角色。"但是在小城阿尔比尼姆培育起的社会等级观念不同于罗马"贵族式"的等级制度观念，它是开放的，而且公民的义务是根据其在城邦中的自身地位决定的。对于富有的人来说，因为他们对于经济生活的贡献更大，可以更多地为地位较低者提供帮助，因此最有资格管理公共事务。古老的小城镇，居民民风淳朴，自给自足，恪守乡村古老的质朴美德，自然而然重视传统，畏惧改革。家族的影响，使西塞罗更趋向保守，后来的西塞罗就是一个保守派。最后，西塞罗一直平易近人，和蔼可亲，也要归功于他在阿尔比尼姆所体验到的那种精神，因为那是个小城镇，居民很少，彼此都很熟悉，大家的关系也都非常融洽。后来，他竞选执政官成功，有一个重要的原因就是他的人脉，以及他非常熟悉选民，这一优势与他的出身密切相关。

三、"做一个无可匹敌的第一名，远远超出众人"

西塞罗从出生就不同寻常。普鲁塔克（Plutarch）在《西塞罗传》中记载，西塞罗出生日期为新历开始的第三天（1月3日），也就是官吏为了皇帝的健康而向神献祭和祈祷的日子。西塞罗的出生没有使他的母亲感到阵痛或痛苦。据说有异象出现在他的奶妈面前，预示她所哺育的婴儿日后会做出一番轰轰烈烈的事业，造福整个罗马帝国。

果然，西塞罗资质出众。在他的学业阶段，他的聪慧与灵性就已使他出类拔萃了。他被誉为神童。在学校里，同学们都敬重他，把他当作首领。阿尔比尼姆的家长们到学校听课，只是为了一睹神童西塞罗的风采。西塞罗的父亲为使西塞罗兄弟能接受良好的教育，在罗马的卡里奈购置了一套房屋。著名的演说家马尔库斯·安东尼乌斯（Marc Antonius，公元前99年执政官）、路奇乌斯·克拉苏（L. Licinius Crassus，公元前95年执政官）和占卜官 Q. 斯凯沃拉（Q. Scevola I' Augure，著名法学家，公元前117年执政官）都是西塞罗父亲的朋友，在如此环境中成长的西塞罗从小就受到了不寻常的熏陶。

西塞罗在成年之后给弟弟的一封信中写到，从童年起，他就只有一个愿望："做一个无可匹敌的第一名，远远地超出众人。"他所渴望的荣誉，就是成为人民的领导的荣誉。这种强烈的愿望在相当大的程度上源自 C. 马略（Caius Marius）。马略出身骑士等级，出生在附属于阿尔比尼姆的一个村庄。当西塞罗出生时，正是马略第一次出任执政官之时。作为普通骑士等级，他行伍出身，作战勇敢，在朱古达战争中建立了赫赫战功。他的成功几乎就是传奇。马略作为一个农夫，精力充沛，不知疲倦，吃苦耐劳，不图享乐，与罗马贵族格格不入。他曾说，自己厌恶希腊人过分的文雅，但爱荣誉高于一切。马略是西塞罗的姻亲，西塞罗从童年时代就关注的这位英雄对他产生了巨大的影响。

过人的天赋、良好的环境、英雄的榜样，使西塞罗出人头地的愿望格外强烈。在当时的罗马，诗歌是通向荣誉的途径之一。于是，西塞罗的兴趣和努力便投入到诗歌上。在孩提时代，他有两首诗被人援引：一首诗为《水手格劳科斯》，叙述的是渔夫格劳科斯因品尝了偶尔找到的野草而长生不死，变成海神；另一首诗为《翠鸟》，讲述的是希腊诸神将风王埃奥尔的女儿阿尔西奥娜和她的丈夫、晨星的儿子赛克斯变成一只鸟的故事。小诗人在诗歌中表现出的灵感令人称奇，被称之为"新诗人"学派的先驱。后来，西塞罗转向教训诗和罗马传统的史诗。大约在公元前80年，他翻译了希腊斯多葛派阿拉托斯的《物象》——一首谈论天文的诗。在译文中，西塞罗表现出高超的技巧，如原文中的四行诗变成了六行诗，场景更生动，气氛更浓烈，特别是充满了感情色彩。《物象》的译本在古代非常有名。西塞罗创作的另一类诗歌是民族传统史诗，代表作当推《马略》。从记述的事件发生的年代推算，西塞罗仅19岁。当时，马略被逐出罗马，被迫乔装潜逃，亡命非洲。在诗中，作者对自然现象的描绘和丰富的想象力表现得淋漓尽致。在西塞罗的诗歌中，我们可以感受到他的同情心，对儿童和青少年的同情心，这种同情心在他后来的演讲中随处可见。普鲁塔克对西塞罗的诗歌颇为推崇，他甚至认为，如果后来没有出现其他诗人，如维吉尔，西塞罗将是罗马最伟大的诗人。

西塞罗在后来的回忆中曾指出，诗人阿基亚斯是令其进入思想领域研究的启蒙学者之一。在公元前 1 世纪，希腊文化已在意大利广泛传播，许多罗马公众与理论家对此怀有戒备和否定心理。西塞罗则不然，从青少年开始，他就坚信：人们之所以未能达到真正雄辩的境界，并不仅仅是没有精通一种方法，还在于缺乏对各种形态的哲学思想的融会贯通。因此，他成了伊壁鸠鲁学派费德尔的学生。费德尔言辞优美，充满人格魅力，但伊壁鸠鲁学派要做疏远公众事务的贤人，将最高的幸福置于享乐之上，鼓吹过隐居生活的理念与西塞罗渴望荣誉和强烈的出人头地的理想背道而驰。恰好此时，年轻的西塞罗遇到了菲隆。作为柏拉图学园的门徒，菲隆在公元前 88 年离开雅典，西塞罗正好 18 岁。当时，罗马发生骚乱，年轻的西塞罗目睹国务活动家接连被谋杀，童年时代的理想实现无望，就准备像父亲那样从事研究工作。而菲隆那雄辩的口才、闪光的思想、诗人的气质，令西塞罗着迷。菲隆所教授的哲学仿佛专门是为了培养和论证雄辩术的。它的主要观点为，绝对真理是不大可能得到的，哲学家的责任就是研究同时存在的各种理论，以判断出最有"可能"的理论，即最有可能将我们引向整个哲学的最终目的的理论，引向一种幸福的状态。这种幸福可以是哲学家自己的，也可以是其他人的，而尤其应该是属于这个城邦的。最终，这一理论将是最为有用的理论。

这样的哲学与青年西塞罗的思想不谋而合。一方面，它在"真理"的一切标准中为情感与本能的选择进行辩护。另一方面，它使雄辩术在哲学中取得了合法的地位。柏拉图曾指责雄辩术犹如欺诈的源泉，而菲隆则为其正名。他在赋予演讲术具有指导各种选择的能力的同时，对演讲术的名誉也进行了必要的恢复。据西塞罗的记载，他在罗马的日子里，其时间安排为雄辩术讲座与哲学讲座，他认为二者是互相补充的。而且菲隆还给年轻的西塞罗灌输了这样的想法：对言辞优美的崇拜和这种言辞能力在城邦中所产生的对于国家和荣誉的热爱是可以统一的。

如果认为哲学家向他展示了理论思想和演说技艺的世界，那么，西塞罗在依附于占卜官 Q. 斯凯沃拉期间所遇到的大人物（他们都是政治家和元老院领袖），他们的言谈以及他们的实践对西塞罗进行了初步的政治培养。由格拉古兄弟发动的改革所引起的危机以及接踵而至的骚乱使大家开始探究革命发生的原因以及如何调整城邦的机制，以应对各种变故。西塞罗从这些研究和历史考察中获益匪浅。若干年后，他评价到，这段历史是"真理的光辉"。研究与考察的结果就是应在罗马建立混合政体，即君主政体、贵族政体、民主政体混合而成的政体，各种力量相互平衡，从而实现社会的稳定。罗马保留了君主政体的成分，创设执政官，作为国王的替代者，但有期限（一年），以便互相监督。元老院由贵族组成，体现贵族政治政体特征，起缓和与调停作用。公民代表大会则代表民主。西塞罗在他的《论共和国》中重申了这一思想。

在斯凯沃拉的圈子里，还有一位斯多葛派哲学家罗得的帕奈提奥斯，他对西塞罗也产生了一定的影响。西塞罗接受了斯多葛学派的自然法观点：在天地万物之间存在着一个指导原则，即类似于控制着人们灵魂的那种指导原则（神定法或上帝法），这样的一个原则同样适用于城邦。这一思想曾导致斯多葛派在希腊化的社会里拥护君主制，并成为国王的顾问。在罗马，随着西庇阿·埃米利安努斯的出现而有了拥趸者：某些人，尤其是受宠于神的那些人，具有高尚的品德和优秀的品质，比其他任何人更能胜任国家的领导工作。这已经非常接近君主制了。

西塞罗接受了这一思想，并在《论共和国》中进行了阐述。也许他认为庞培就具有这样的禀赋，或者这就是他自己的理想。后来这一思想成为罗马帝国政体的起源之一。

在这段时期，还有一个插曲，公元前90年或前89年，西塞罗在执政官斯特拉波·庞培（Cnaeus Pompeius Strabo，公元前89年执政官）的军队中当兵，此时军队正与反叛的意大利交战。不久，他又重返苏拉的军队，军队正在坎帕尼亚地区作战。西塞罗发现自己对军事活动毫无兴趣，而且，他的身体状况也不适合军队生活。据记载，西塞罗的身体非常瘦弱，由于胃肠功能很差，每天很晚时才吃得下一点东西。对西塞罗来说，要想出人头地，必须另寻出路。在他看来，古罗马城市集会时在广场演讲可能获得的荣誉对他而言更为容易，在菲隆的指导下学习更使他对自己充满了信心。

第 2 章

"罗马第一律师"

一、雄辩术

公元前 2 世纪中叶，罗马基本上完成了对地中海世界的征服。军事上的胜利使拥有赫赫战功的元老院的成员们成为政治生活的主宰。格拉古兄弟的改革改变了这一格局。提比略·格拉古提出自己的土地法案：规定佃户租用国有土地的限额，收回他们的多余土地，把这些土地重新分给少地或无地的罗马公民。根据这一法案，罗马的政治生活失衡。之后的盖约·格拉古把改革运动加以扩大和发展。罗马的政局更加混乱，各种社会力量之间的冲突越发尖锐，社会秩序趋于恶化。年轻的西塞罗看到"事情会发展到一场内战，而内战又会演变为不折不扣的专制，于是他便转而去过一种宁静的冥思的生活，同有学问的希腊人交往并专心致志地研究学问直到苏拉控制了局势而国家似乎安顿下来"。这时的他潜心研究雄辩术。

随后，以马略为代表的骑士民主派和以苏拉为代表的元老贵族派展开了激烈的斗争。斗争结果导致了苏拉独裁，使共和制的民主机体遭到破坏，这在罗马历史上是前所未有的。西塞罗对苏拉的专制独裁及其党人的专横跋扈极为不满，认为这是践踏奴隶主的个人自由，破坏了共和制度，违背了他们祖先的传统。在当时的社会环境下，年轻的西塞罗空有报国的热情，但无实现的机会。罗马的许多官职都是民选的，当选者无不是出身贵族门第，即使在社会上享有一定声望的一些非选举的官职，也不是一般公民所容易获得的。西塞罗出身于一般的骑士家庭，虽然具有出色的才干和雄辩的才能，但要跻身罗马官场，必须先要在公民中树立威望，或者获得某些要人的赏识。当时，罗马公共场所是公民们经常活动的地方，他们在这里进行控诉、申辩、演讲以及投票选举等。公民如果蒙受不白之冤，可以恳求他人为自己辩护。这就为西塞罗显露头角提供了机会。他经常去广场观看各种诉讼，参加各种公众集会。他专注于了解各个演讲家的风格，其中一些人激情充沛，另一些人平和稳健，有的精致华美，有的朴实无华。他也研究保民官盖约·库里奥演讲失败的原因，后者在演讲中听众一一离去，最后仅剩他一人。

在这段学习期间，西塞罗整整三年都保持沉默，这一方面可以理解为西塞罗韬光养晦，其实另一方面也是当时的社会现实使然，当时为之辩护的案件都是政治案件，由于各方利益冲突错综复杂，众多的演说家为他们的主张付出了生命的代价。那些伟大的演说家不是被处死，就是被迫流亡。如马尔库斯·安东尼乌斯因反对行政长官阿浦雷乌斯·萨图尼努斯，几年以后就因此被处死。另一位活跃人物 D. 苏尔皮西乌斯·鲁富斯原本是元老院的辩护人，当马略和苏拉的政治斗争如火如荼之时，他选择了为人民辩护的立场。当苏拉攻入罗马后，苏尔皮西乌斯被宣布为不受法律保护而被绞死。此时的罗马已不再有

"伟大的声音"了。

当时的罗马，雄辩术已是可疑之术，用拉丁语讲授雄辩术在罗马受到抵制。直到公元前92年前，时任监察官的演说家L.李锡尼·克拉苏结束了这一教育方式。克拉苏一度认为，以拉丁语讲授的方式，会令学生的思想丧失敏锐性，变得粗俗、轻率。西塞罗进行了思考，并写作了《论创意》。他认为，雄辩术应该建立在尽可能广泛的知识基础之上，不应该轻视知识，譬如哲学，哲学与雄辩术是互相补充的。他在导言中论证了雄辩术为城邦带来的益处是否大于弊端。西塞罗梳理了全部古代思想成果，充分论述了他对雄辩术的见解。三十年后，他的观点形成三部著作：《论演说家》《布鲁图》《演说家》。

经过一段时间的学习和训练之后，西塞罗的口才又有了突飞猛进的进步。据说，有一次，著名的雄辩术教师阿波罗尼俄斯请西塞罗朗读，因其不懂罗马语，请西塞罗用希腊语朗读。读完以后，大家都交口称赞，但阿波罗尼俄斯却沉思良久，最后才说："西塞罗，我赞美你，佩服你，可是我可怜希腊的不幸，因为我已经看出，我们所剩下的一点好东西——学问和口才，也由你带到罗马去了。"西塞罗的朗读水准对他辩护的说服力起了不小的作用。他时常讥笑那些大声疾呼的演说家，说由于他们自己的演说软弱无力，不得不借助于吼声，就像瘸子不得不借助于骑马一样，而他自己对于演说的技巧已经运用自如了。

西塞罗开始把自己的精力放到他最擅长的演讲台上去，希望能够在演讲台上获得人生的辉煌。演说术和演讲台在共和国具有特殊的地位，在罗马共和国，对所有希望能在政治上有所作为的人而言，演说术是一项必须掌握的技能。西塞罗借克拉苏之口说："演说能够有激起民众的情绪、说服法官、影响元老院的强大威力，而且，没有什么能够像演说一样能救助需要帮助的人，激励哀伤的人，给民众庇护，消除危险，使公民能够不被放逐，这是多么伟大崇高的事情啊！同时，演说是一个可以用来保护自己、控告敌人，为自己遭受到的耻辱进行报复的武器，能够运用这样的一个武器是非常必要的。……真正的演说家能够凭着自己的才能和名望为他本人赢得巨大的荣耀，并且也能够给其他普通民众以及共和国赢得和平和幸福。"因此，演说术在罗马政治、社会生活中有重要的作用和地位，与政治紧密相连。要成为共和国的政治家，"优良的口才是不可或缺的素质和条件，演说术成为贵族青年显身扬名、步入仕途有效的工具"。杰出的演说家发挥自己的演说魅力，可以影响公民大会和元老院的决策，亦可以在法庭上充当起诉人或者辩护人。在经济方面，会从中获得比较丰厚的物质回报；在政治方面，也可以通过成功的辩护获得名望，从而为自己打开一条顺畅的从政道路。

二、小试身手

当苏拉从东方回来后，宣布不受法律保护期一经结束，西塞罗就开始了他的律师生涯。公元前81年，西塞罗接受了P. 昆克提乌斯案件为其辩护。这是一宗民事案件。案件的审理过程极为复杂，双方进行了一场曲折的诉讼案卷战争。昆克提乌斯的控诉人是Q. 霍滕修斯，一位极有声望的律师，虽仅比西塞罗大八岁，但老练世故。在演说家们不是被处死就是被流放的环境中，Q. 霍滕修斯能左右逢源，不受任何一方牵累，可见其过人之处。至于 P. 昆克提乌斯为什么要请当时还默默无闻的西塞罗辩护，就不得而知了。

这宗案件是关于一家机构财产的归属。某机构开发一块位于山南高卢的土地，由 P. 昆克提乌斯的哥哥 C. 昆克提乌斯与绥克斯图·纳维尤斯合伙经营。C. 昆克提乌斯死后，财产由弟弟继承。P. 昆克提乌斯希望了解公司的经营情况，绥克斯图·纳维尤斯却百般阻挠。P. 昆克提乌斯无奈之下，宁愿将其财产全部充公和公开拍卖。如果这样，P. 昆克提乌斯将面临贫困和名誉扫地的境地。西塞罗在辩护中强调 C. 昆克提乌斯一生的荣誉（是年 60 岁）将毁于一个贪婪无耻的小人之手。陪审团被其打动，这件案子的最终结果是西塞罗胜诉。

年轻的西塞罗接受的另一桩案件充满了挑战性。案件本身并不复杂：绥克斯提阿斯·罗西阿斯是阿梅里地区伊特鲁利亚城的富裕公民，据说是被宣告为公敌，公元前 81 年夏天在罗马被谋杀。凶犯虽未被抓获，但已查明案犯是受罗西阿斯的两个堂兄弟唆使，因为这两兄弟垂涎其财产已久。死者的儿子被剥夺了原本属于他继承的巨额财产。这两人找到克里索格努斯——一名被苏拉宠信的解放的奴隶，做了一笔交易，如果克里索格努斯将绥克斯提阿斯·罗西阿斯列入被流放的消失人员的名单上，将分给他财物。克里索格努斯同意了，着手变卖死者的财产，与死者的堂兄弟瓜分，导致罗西阿斯破产。小罗西阿斯绝望之中来到罗马，请求一名贵妇的庇护。克里索格努斯及两个同谋有些惶恐，指控小罗西阿斯是杀人凶手。在律师们生怕得罪苏拉而唯恐避之不及的情形之下，西塞罗挺身而出，担任小罗西阿斯的辩护人。西塞罗在辩护词中论证了苏拉与其仆人之间的差别，并对贵族阶层和苏拉表现出高度的好感。他指出，社会存在等级制度，在此制度下，荣誉和责任是依据公平合理的原则进行重新分配的，当这一秩序被破坏时，是苏拉力挽狂澜。但他话锋一转："如果我们所做的这一切，如果我们过去拿起武器，仅仅是为了能使这些最卑贱的人攫取他人的钱财而致富，那么，这种战争就没有给罗马人们带来新生与权力，而是把他们置于或降低到了奴隶的地位。"

陪审团最后裁决小罗西阿斯无罪。有人推断这桩案件是由最强硬的寡头政治执政者凯基利·梅特卢斯家族有意识操纵的，目的在于警告苏拉不要为所欲为。但也不能否定年轻的西塞罗不畏强势，其真诚与口才打动了陪审团的事实。而且可以从中看出，西塞罗喜欢谴责存在暴力和罪恶的制度，希望通过辩护来证明口才可以矫正以武力制造的社会不公正。

这宗案件结束之后，西塞罗离开罗马，到希腊去了两年。关于离开罗马的原因，许多学者认为是由于罗西阿斯案得罪了苏拉，西塞罗去避风头。这种可能性不是没有，但还有一个重要的原因是到希腊休息，调养身体。这次希腊之行，西塞罗收获颇大，特别是雄辩术又得到了飞跃。西塞罗先到了雅典，有六个月的时间他在听学园派古典语言和文学方面的学者阿什凯隆的安蒂阿克斯的课程。同时，他还听了不少其他雄辩术老师的课程，如叙利亚的梅特里奥斯的课程。他还特意到雄辩术的发源地——亚洲，他经常拜访斯特拉托尼基的迈尼博斯，尤其与马格尼西亚的丹尼斯交往频繁，但他最崇拜的当属阿波罗尼俄斯。据说西塞罗和德谟斯提尼一样，在朗读方面存在问题，阿波罗尼俄斯纠正了他的缺点，即一种从语调到风格的过分的感情洋溢。当西塞罗回到罗马时，"不仅是取得了很大的进步，而且几乎是脱胎换骨了"。

当西塞罗回到罗马时，大量的案件纷纷请他代理。但可惜的是，由于大多的辩护词都已无从找寻，保存下来的仅有一篇演讲稿，是他为当时最著名的喜剧演员 Q. 罗西乌斯辩护时发表的。这是一宗民事案件：C. 方尼乌斯·克里亚认为他的奴隶巴努基具有喜剧方面的天赋，将其交与罗西乌斯，由后者对其训练，教授演艺技巧。为此，二人依法成立了一家机构，旨在开发利用巴努基的才能。二人约定，一旦巴努基成为专业演员，收益依法归其主人方尼乌斯，再由方尼乌斯按照一定比例支付给 Q. 罗西乌斯。两位合伙人赚了一些钱后，某日，巴努基被人杀死，凶手是 Q. 弗拉维。罗西乌斯随后提起诉讼，要求凶手赔偿由于巴努基的死亡给他带来的损失。他请求方尼乌斯担任他的代理人。后来，罗西乌斯与弗拉维达成了一项和解协议。十二年后，方尼乌斯要求获得一份按照和解协议凶手应支付给演员的赔偿金。双方各执一词，发生了激烈的争执。西塞罗成功地为其辩护。西塞罗在为罗西乌斯的辩护中，展示了他的法学家风采：深厚的法学知识功底与机智。

这一时期，西塞罗的委托人大部分是包税人，他曾为"长期以来"受到这一委托为荣，并对这一阶级怀有"崇高的敬意"。西塞罗由于家族的关系，和包税人（骑士阶层大多为包税人）保持特殊的利益关系。而保持这种关系意味着年轻的西塞罗选择了中间道路，即西塞罗既没有选择贵族，也没有选择元老院的保守派，而是与第三种力量站到了一起。从表面看，依附元老院的保守派更容易成功，但西塞罗已经意识到了骑士阶层的力量，此时的骑士阶层大多已成为工商业者，控制了罗马的货币金融。而且骑士阶层正通过他们在外省（在意大利之外建立的行省）所拥有的财富，日益显示出他们的重要影响与作用。西塞罗敏锐地认识到这一点，于是他致力于保护骑士等级的利益，并期望在自己的政治生涯中得到他们的帮助。不仅如此，他还有更大的抱负，他要为调和罗马两个互相对立的利益集团作出贡献。

当西塞罗达到谋求财政官的合法年龄（29 岁）时，由于他杰出的才干，特别是他律师的名声，出色的口才，他被选入了"第一流的人物之中"，这是汇集了各个百人团的选举结果。公元前 76 年，他开始任财政官。在共和国早期，财政官为四人。苏拉改革之后，共设有二十名财政官，财政官具有刑事裁判权以及财政管理权，隶属于执政官。一部分财政官留在罗马任职，作为"行政部门的主管官员"，另一部分分赴各个行省任职，派往地点由抽签决定。西塞罗抽中的是西西里岛。任职期间，他代理的一宗案件使他声名大振，获得"罗马第一律师"的美誉，这就是著名的威勒斯案件。

三、威勒斯案

西西里岛属位于该岛西部的利利巴厄姆（古代城市）管辖。西西里岛设有两名财政官，而其他行省只设一名财政官。西西里岛成为行省以后，保留了赋税制度。西西里岛盛产小麦。赋税制度规定，西西里岛的耕种者须将年收成的十分之一以实物形式上缴，十分之一由官方按照统一价格收购。罗马对小麦的需求相当大的比例仰仗于西西里岛，利利巴厄姆的财政官负责从这里向罗马运输小麦，因此，其重要性可想而知。

西塞罗在上任之后曾说："被任命为财政官，我认为，与其说是委托于我这一使命，不如说是给予我的倒像是一笔债务或一座寄存仓库。"西塞罗认为自己已成为众人瞩目的中心："当我获得西西里行省财政官的职务时，我觉得人们的眼睛都投向了我，可以说是登上了舞台，站到了整个世人的面前。因此，我曾力戒满足的不是我们所看到的那种过分的欲望，而是那些正常的和必要的娱乐消遣。"

西塞罗强烈的荣誉感使他力求成功，但他马上面临了严峻的考验。就在西塞罗成为财政官的那一年，罗马小麦短缺，他刚一到任，新的行政官员就要求小麦必须按时运往罗马。西塞罗表现出他杰出的才干。他"将数量可观的小麦在最需要的时候运抵，对那些大商人彬彬有礼，对那些中间商人合理公道，对那些同盟者审慎相处"。很快，西西里岛的居民发现新任的财政官处事公道，并无他们所深恶痛绝的前任的敲诈勒索的行为，大家对他非常敬重。西塞罗"在众人眼里已成为所有同僚的道德与行为的楷模"。西塞罗从内心也希望引起公民的注意与好感，因为他们将财政官的职位授予某人，就理所应当获得功绩和荣誉作为回报。西塞罗认为当自己的家世不曾给予你荣誉时，就应该以为公民效力的方式获得它。

在西西里岛的这段时间，西塞罗可以说是充满朝气，蓬勃发展，他的活动涉及各方面，令人瞩目。他不仅一丝不苟地执行财政官的职责，还担任辩护律师。他访问各个城市，参观名胜古迹。

西塞罗回到罗马后，就以前财政官的身份进入元老院，他又重操律师旧业。他在童年时代就具有的同情心，在这个时期更充分地表现出来。他曾多次成为奴隶的代理人，为他们的利益奔走。而且这位昔日的财政官与西西里岛有了特别的联系。他就像西西里岛居民的保护者，当他离开利利巴厄姆时曾对他们作出承诺，以他在西西里岛的政绩和影响使西西里人在遇到危险时会向他求救。斯泰尼乌斯案件就非常有代表性。斯泰尼乌斯是西西里德尔墨人，他的财产被行省总督威勒斯掠夺，却被后者起诉，理由是他拒绝交出属于德尔墨人民的一些雕像。

斯泰尼乌斯面临着被判处死刑的命运。他逃到罗马而未到庭受审，因为他已获悉行省总督决定判他的罪。在罗马，斯泰尼乌斯试图通过对一些元老院成员施加影响，以阻止威勒斯继续对他报复，但是无济于事。行省总督对被告进行了缺席判决。根据行政官联合通过的一项决议，任何被判死刑的人不得在罗马逗留。据此，斯泰尼乌斯被剥夺了在罗马的居留权。斯泰尼乌斯求助于西塞罗，西塞罗在行政官团面前陈述案情，据理力争，后获得一致同意，允许斯泰尼乌斯留在罗马。

真正使西塞罗获得"罗马第一律师"美誉的是威勒斯案。威勒斯案具有不同寻常的意义。自从公元前78年苏拉死后，由他制定的法律受到了来自不同方面的攻击。独裁官缩小了保民官的权力，人们尽力使其恢复到先前拥有的权力。苏拉取消了监察官制度，人们又使它重新恢复。但苏拉法中最重要的一点是构成陪审团的成员只能是元老院议员，而后者为了自己的利益，经常制造为人诟病的不公正。对于骑士阶层而言，尤其难以忍受。因为随着社会地位（主要是经济地位）的提升，他们感到自身的权益无法得到有效的保障。因此，他们强烈要求，应该将陪审团的席位占有权归还给元老院议员成员之外的人。当时的庞培作为被任命的执政官在公元前71年主持的会议上宣布："行省正在遭受蹂躏和虐待，那里的审判已成为丑闻，但是，他会注意改变这一切的。"正是在这一背景之下，公元前71年前，西塞罗毫不犹豫地接受了西西里人赋予他的使命。由西西里人对威勒斯提起的诉讼将是一次尝试。正如西塞罗在此案第一篇起诉书中指出的："人们将看得很清楚，关于这个人物，尽管由元老院议员充任审判官，但是，一个如此明显有罪而又如此富有的人也会受到惩处的。"

威勒斯出身于元老院议员家庭。公元前82年，他在 C. 马略党人政府中担任财政官时就已投靠了苏拉，之后他又追随苏拉在西里利亚行省的总督 C. 多拉贝拉。在此期间，他将一艘不属于他的战船出卖给了两个身份可疑、大概与赛多留的反叛者有勾结的人。公元前 74 年，在他任罗马内务行政长官期间，滥用职权，对百姓充满蔑视，"几乎没有把他们当做自由人"，听凭其情妇切莉东肆意妄为。公元前 73 年，他作为行省总督被派往西西里。在任期间，他大肆掠夺，尤其将该岛的大量艺术品据为己有；违反税收制度，中饱私囊；利用掌握的司法权处决试图反对或可能反对他的人。西西里人提起要求赔偿其遭受损失的诉讼。

　　在确定此案代理人时颇费周折。元老院议员们和威勒斯的朋友们竭力遏制这桩诉讼。西西里人本来举荐西塞罗担任威勒斯的控诉人，但西塞罗雄辩的口才令他们惧惮。他们选择西塞罗的老对手霍滕修斯做威勒斯的辩护人，同时暗中安排威勒斯的前财政官 Q. 西西利乌斯·尼日尔充当控诉人。正是在威勒斯的资助下，霍滕修斯和昆图斯·梅特鲁斯（Quintus Metellus）当选为执政官，昆图斯的另外一个兄弟马库斯·梅特鲁斯则当选为裁判官，主持审理此案。当时在罗马最显赫的昆图斯·卡特鲁斯是霍滕修斯的姐夫，所以昆图斯·梅特鲁斯得意扬扬地对西塞罗的证人说："我是执政官，我的一个兄弟是西西里的总督，另外一个兄弟则是主持这个案件的大法官，已经有很多的措施在被执行，以确保这个案件不会对威勒斯造成任何的伤害。"霍滕修斯的一个朋友老库里奥曾经转述霍滕修斯对威勒斯的话："我特地告诉你，今天的选举结果就意味着你被判为无罪。"这样法庭面临如何选择控诉人的问题。西塞罗为了取得控诉人资格，发表了一篇题为《与西西利乌斯相反之预言》的讲演。最终，法庭认为西西利乌斯口才平庸，毫无影响，于是作出了有利于西塞罗的判决，西塞罗成为威勒斯一案的控诉人。

公元前70年1月，西塞罗前往西西里收集证据。由于威勒斯及朋友们的设计，这其中有来自陆地和海上为他布下的陷阱，以及严寒的气候，但西西里人的热情使西塞罗在五十天之内就收集到了足以胜券在握的证据。威勒斯的朋友们设下了重重障碍，使开庭日期一直拖到8月初。在此期间，西塞罗已被公民一致投票当选为市政官，而霍滕修斯当选为执政官。

该案的辩护人是执政官霍滕修斯，裁判官是威勒斯的朋友——马库斯·梅特鲁斯，被告方还故意拖延庭审时间，情形对控诉方极为不利，但西塞罗毫不气馁，争取到了在8月5日开庭。在法庭上，他发表了《第一起诉》的演讲，列举证人，出示证据。他特别指出，这是一桩具有重大政治影响的诉讼案。因为人们可以从这个案件中判断元老院法官们是否公正，西塞罗以他那极富感染力的言辞向人们传递他那坚定的信念：这个帝国不是建立在权势之上，而是建立在法律之上的。我们所确认的法律就是，行省居民有权将那些行为恶劣的地方长官绳之以法。

证人证言和物证表明，威勒斯的罪行是显而易见、确定无疑的，以至于他未待判决就离开了罗马。对威勒斯的判决是向西西里人支付四千万塞斯特尔斯作为损失赔偿，但是由于他已逃亡，得以保住了大部分财产。后来，他拒绝将从西西里人那里搜刮来的一套珍贵的青铜收藏品献给马可·安东尼，在公元前43年被列入流放者名单，最后被处死。

虽然经过《第一起诉》威勒斯就被判决，但西塞罗还是按照法律常规起草了多篇演讲稿，以备之后的程序使用。保存下来的演讲稿包括五篇，每一篇涉及被告所犯罪行的一个具体方面：担任罗马内外行政官期间的问题，担任西西里总督期间的问题，涉及小麦供应的问题，窃取艺术品的问题，草菅人命的问题。这五篇演讲稿在公众之中广为传播，成为一份非常有效的公诉状，以至于辩方无法辩驳，诉讼以一种无可争议的方式终结。这些演讲稿还起到了另一个重要作用——推进了司法制度的改革。从此，陪审团成员由三分之一元老院议员、三分之一骑士和三分之一"国家民权保卫者"组成。后一等级我们无法界定，但毋庸置疑的是它打破了元老院主宰陪审团的局面，使不同利益阶层能够行使权利。

此案也极具政治意义，因为苏拉时代，骑士阶层备受打击，被剥夺了常设法庭的审判权，而由元老组成的法庭又因腐败而臭名昭著，人民普遍对元老院常设法庭持有怨恨态度，骑士阶层则一直对审判权虎视眈眈。通过威勒斯案，毫不留情地打击了元老阶层，是骑士阶层再次进入法庭的前奏，西塞罗的这项功绩使骑士视他为保护人，成为他一生中有力的政治支持力量，为他日后在政界的晋升打下了坚实的基础。

据此，也可以推断，西塞罗已经从事了反对元老院的活动，或者至少从事了反对元老院的某些观念的活动，因为这个等级正演变成一个小集团，欲凌驾于所有法律之上。这是西塞罗坚决反对的。

当选市政官以后，西塞罗在政治上越发活跃，并把西西里人出于感激发运给他的小麦还给了人民。人们认为他对案件的处理始终保持公正和廉洁的态度，诉讼当事人所送的费用和礼物他从不接受。深孚众望的西塞罗在公元前66年以最高票数当选为大法官。这一时期罗马局势处于动荡不安之中。先是从公元前74年开始，曾被苏拉打败的本都国国王米特拉达梯（Mithradates VI Enpator）又与罗马开战。前往指挥作战的元老院议员卢库卢斯（Lucius Licinius Lucullus）在军队溃败后被撤换，代替他的是 G. 庞培。有人提出议案，主张建立一个为期三年的统率全部海上部队的指挥部。虽然很多元老院议员反对，议案还是通过了。西塞罗未发表意见，据分析，西塞罗也是赞成该议案的，只是不愿意公开反对元老院而已。公元前67年，庞培成功地恢复了海上秩序。公元前66年，保民官马尼利乌斯（Anlus Gabinius）提出一项法案，要求赋予庞培罗马军队统帅之职。西塞罗发表了第一篇严格意义上的政治性演讲，来支持这一法案。他站在装饰着被俘获的敌舰的喙状舰首的广场讲坛上，慷慨激昂地发表演讲，颂扬庞培的优秀品质和事业上的伟绩。西塞罗此时已经开始形成他后来在《论共和国》中所阐释的思想，在国家之上应有一个 princeps，即根据其威望和荣誉选定的"领导者"。庞培正是 princeps 的合适人选。而庞培所作的是力图恢复罗马的统治权，并通过征战使这一统治权扩展到东方，从而实现东方的安定和罗马化。

公元前66年，即将上任的两位执政官是元老院议员所抵制的，他们以在选举中从事了阴谋活动为借口，被取代了。不甘失败的二人密谋在新执政官就职当日进行谋杀。后来，计划失败，元老院议员们意识到要扩大同盟者。于是，西塞罗的机会来了。

第 3 章

几度沉浮的政治生涯

一、当选执政官

西塞罗在公元前64年当选为执政官的候选人。罗马早期执政官职务只能由贵族担任，平民没有资格。直到公元前367年《李奇尼亚·塞克斯提亚法》的颁布，平民才获得担任执政官的资格，作为共和国正常官职体系中的最高官职，执政官候选人的资格需要审定，有年龄、间隔、申请时间、资历、地点等诸多限制。

执政官是罗马共和国最高长官，拥有民事、军事权和国事占卜权。其拥有的统治权要比行政长官大，称"无上统治权"。从理论上说，他们俨然就是王权的继承者，以前王所拥有的统治权现在转入他们手中。所不同的是，他们并非宗教首脑。执政官由百人团大会选举产生，但根据《权力约法》（*Lex Deimperi*），其授权仪式则在库里亚大会进行。执政官选举类似今天西方的大选，是罗马全年政治生活中最重大的事件，整个意大利的公民云集罗马。执政官一经当选则不得废止，除非是在产生了独裁官的特殊情况下，由独裁官予以废止。倘若两执政官中一人死亡或辞职，其同僚须主持选举，选出一位执政官填补空缺。若两执政官死亡，元老院就须任命摄政，由摄政主持执政官的选举。

作为高级长官，执政官还有表明其身份和地位的标识。在平时身着镶紫色边白长袍，坐象牙圈椅。在战时和举行凯旋仪式时，则身着将军服。为显示他们具有强制权力，在罗马城内有肩扛法西斯（fasces，行刑束）的十二名仆从前行开道。一旦离开罗马城，则在法西斯内插入斧头，以示执政官从所行使的民事权力转换成了没有限制的军事权力。另外，罗马还以在任的执政官的名字纪年。

阿斯科尼乌提供的一份名单表明，当时，有七个人正式提出了执政官候选人的申请。七个候选人竞争两个执政官席位，竞争比较激烈。对于候选人来说，他的出身血统、军功政绩、天赋才华、行为方式等等无不影响着选举的结果。

根据史料，只有三个候选人的资料。贵族喀提林。路奇乌斯·塞尔吉乌斯·喀提林（Lucius Scrgius Catilina，前108～前62）出生于古老的贵族家庭——塞尔吉乌斯家族。像罗马贵族青年一样，喀提林以从军的方式开始其政治生涯，他有出色的军事才能，是一名能干的指挥官。公元前70年大部分时间，喀提林都在海外任职。公元前68年，当选为裁判官。在接下来两年，任阿非利加总督。很明显，在海外任职期间，喀提林并没有心思为当地人民的福祉去努力，反而尽情劫掠行省人民的财富去塞满他的钱袋。例如，在总督任职期间，喀提林过分的贪婪和滥用权力，使阿非利加人民非常痛恨。他在阿非利加的任期还没有结束，便急急忙忙从那里赶回来参加执政官的竞选。刚到罗马，阿非利加的申诉团也紧跟而至，向元老院申诉喀提林的暴行。喀提林于公元前66年回到罗马，提出了对次年执政官候选人资格的申请。但是，主持执政官路奇乌斯·沃尔卡奇乌斯·图路斯因为两条原因拒绝了他的申请。其一，提出申请的时候，喀提林正被克劳迪乌斯起诉，如果接受申请，将会可能影响司法的公正性。其二，他没有在规定的时间内向执政官提出申请。喀提林只好撤回申请，被迫放弃当年的申请资格。当喀提林刚从克劳迪乌斯的起诉中脱身不久，阿非利加人的申诉代表团又锲而不舍地起诉喀提林。靠着大量的行贿，喀提林才最终被宣判无罪。根据昆图斯的说法，"当他（喀提林）离开法庭的时候，他就像许多审判前的法官一样贫穷了"。喀提林从困境解脱的唯一方法是参加公元前64年的执政官竞选，只有成功当选才能把他从危机中解救出来。所以，当选公元前63年的执政官成为喀提林的当务之急。

从喀提林个人才能上看，他有智慧，精力过人，富有手段和策略。撒路斯提乌斯这样描述他："具有非凡的智力和体力，但是禀性却是邪恶和堕落的。他具有钢筋铁骨般的身体，经受得住常人绝对不能忍受的饥饿、寒冷和不眠。他为人胆大妄为，不讲信义，翻云覆雨，无论什么都装得出，瞒得住。他觊觎别人的财产，挥霍自己的财产，而且他的情欲十分强烈。他具有相当的口才，但是没有什么见识，他错乱的神经总是在贪求着穷凶极恶的、难以置信和稀奇古怪的东西。"这其中可以明显感觉到撒路斯提乌斯的敌意。但从这段夸张和偏见掺杂的语言中，不难发现喀提林确实是一个很有个性和能力的人。

虽然家族已衰落，但贵族血统还是给了喀提林许多方便之处。在贵族之中，他还是有着比较广泛的关系网，许多贵族都支持他。同时，喀提林把自己打扮成青年人的伙伴，下层民众的代言人，取得了贵族、平民两大集团不少人的支持。甚至在公元前65年，当喀提林陷入法律纠纷中时，西塞罗为了结好喀提林，主动提出为他辩护，但是喀提林以贵族的傲慢拒绝了。西塞罗在书信中称喀提林是一个"可怕的竞选对手"。从他对竞选对手的恐惧上，我们可以看出，喀提林是一个非常具有实力的候选人。

"野人"安东尼乌斯（G. Antonius）。盖乌斯·安东尼乌斯·叙布里达出生于著名的贵族家庭——安东尼乌斯家族。当时，这个家族有着令人震撼的威望，其父安东尼乌斯是非常著名的演说家、军事家、政治家和法学家。在军事上，他以续任裁判官的身份出任剿灭海盗的指挥官，取得了出色的成果，获得了罗马军人能够得到的最高荣誉——凯旋式。在政坛上，他获得了公民能够获得的最高职位，担任了公元前99年的执政官以及公元前97年的监察官。同时他也是一个很有魅力的演说家，是法庭上原告和被告的调解者，"曾经指导过西塞罗的学习，被西塞罗极力推崇"。但在内战中，对苏拉的支持让他付出了生命的代价，于公元前87年被苏拉的政敌马略和秦纳杀害。他的这种显赫成就和地位，给他的儿子们留下了极为丰富的政治资源。

盖乌斯·安东尼乌斯·叙布里达是安东尼乌斯的次子。他亦是按照共和国贵族青年通常从政的道路——由从军开始其政治生涯的。因为他父亲和苏拉的亲密关系，他少年之时便在苏拉军队中历练，追随苏拉开赴小亚，参加了米特拉达梯战争，担任了一个重装步兵军团的指挥官。当苏拉战争胜利回师罗马后，他被安排留在希腊以维持秩序，但是对钱财的渴望占据了他整个心灵。他疯狂掠夺希腊人，就连希腊的神庙和圣地都不放过，因此这个安东尼乌斯被希腊人嘲讽为心中没有神的"野人"。正是因为他的贪得无厌，他为希腊人所厌恶。在希腊统治期间，他不仅没有交到什么希腊新朋友，反而使整个希腊人民都成为他的敌人。

安东尼乌斯对钱财的贪婪终于给他惹来了麻烦。公元前 76 年，希腊人委托恺撒起诉他，他求助于保民官，才得以全身而退。但在公元前 70 年，安东尼乌斯栽了个大跟头。这一年，监察官科尔尼乌斯·朗图乌斯、基利乌斯·普布里克拉清洗元老院，驱逐了六十四个不合格的元老。安东尼乌斯就是因为在希腊的劣迹——"他劫掠联盟者，反对法庭的裁断，背负了巨额的债务，超过了他个人财产范围"，而位于名单之列，被赶出了元老院。但是，这次驱逐并不是永久性的，被驱逐人员可以通过当选再次进入元老院。尽管他的名声不佳，但他还是在公元前 69 年当选保民官，重新回到了元老院。公元前 66 年，他再次顺利地当选裁判官，所以在公元前 64 年才能站在执政官候选人的位置上。

安东尼乌斯"作为一个人，是失败的"，他性情暴躁，是苏拉粗鲁的军官，行省的剥削者，行为的放荡者。可即便如此，他在政坛上的人脉关系以及苏拉派的背景，让他在公元前 60 年代的罗马照样很显赫。竞选执政官，在当时的罗马人看来，是他政治生涯中必然的一步。

西塞罗被称为"新人"。"新人"由拉丁语的"homonovus"翻译过来，指的是祖先中没有任何人担任高级官吏的人物。高级官吏一般指执政官、裁判官、检察官、高级市政官。对于一个新人来说，裁判官的职位已经是达到极限了，因为在罗马，已经有超过一代人的时间，新人没有当选过执政官了。在这次公元前 64 年的执政官竞选中，西塞罗能够突破新人的极限，当选为执政官吗？

竞选执政官围绕的中心是如何获得最大多数百人团的支

持。一方面，百人团的选票大部分控制在富裕阶层手上，所以争取上层阶级的支持至关重要；另一方面，下层百人团的选票也不可忽视。

竞选过程是复杂而漫长的。首先是广场上的努力。西塞罗只要是在罗马城，即使还未开始竞选，也会每天去广场。并且在去广场的时候，昆图斯建议他在心中默念"我是新人，我想当执政官，在罗马"这三句话，昆图斯想让西塞罗提醒他自己的身份地位、努力目标，不能倦怠。其次，大批护从相伴。候选人在广场上游说时，带领一大批各种各样的人作陪，类似于我们今天所说的"造势"，其目的在于向民众展示：在这次竞选中，该候选人获得了大多数人的支持。这一点对于西塞罗来说特别重要，昆图斯希望西塞罗通过此举向全体罗马人证明，他，西塞罗，虽然是一个新人，但是获得了所有人的友谊。昆图斯对他说："因为没有几个新人，能够像你一样拥有这么多的朋友——所有公共工程的承包者、所有的骑士等级、许多的自治市都是在你的掌握之中。在所有等级中，遍布着你为他们辩护过的人，许多的同行业公会也是支持你的，因为追求演说术，数量巨大的年轻人都被你吸引了。"随着竞选的白热化，甚至有候选人在没有足够的人愿意陪护他的情况下，出钱请民众陪护，其数量之大以至于影响了正常的秩序，后来竟迫使元老院通过了一项法律，限制陪护的人数。

在罗马，为讨好选民，各种方式层出不穷，如大宴公民，即候选人本人出钱请公民大吃大喝。这需要候选人有雄厚的财力。例如，首富克拉苏为了讨好选民，宴请全体罗马公民，并且拿出自己的私人财产，直接分钱给选民，没有比这种更加直接拉拢选民的方式了。我们可以知道，西塞罗家的大门从早到晚都是敞开的，任人进出。我们可以猜测，西塞罗家的大门同样不会在午饭或者晚餐的时候是关闭的。再如兴办赛会。盛大的赛会是全体罗马人的狂欢节。盛大的赛会最容易为候选人赢得慷慨大方的美名。举办赛会通常都是市政官上任后的头等大事，因为成功的赛会很容易获得人民的欢心，赢得美名，为日后竞选执政官积累名望。

西塞罗为取悦公民而倾其全力举办了赛会。西塞罗家族是富裕的，加上他娶了费边家族的女儿作为妻子，并且有善于经营的阿提库斯给他理财，即便是如此，他的财产还是不足以支付举办赛会所需的巨额费用，因为这种赛会都是由兴办者本人出资的。但是，西塞罗并没有放弃举办赛会愉悦公民的打算，他利用西西里人民对他的好感，让西西里人民捐赠各种走兽和产品，"西西里人民感激他，当西塞罗任市政官时，西西里人民送他岛上的各种珍禽异兽以及物产"。西塞罗先后举办了两场赛会。

骑士阶层已经崛起，成为一支影响罗马政坛的重要力量。敏感的西塞罗早就捕捉到了这一点，并且因为西塞罗出身骑士等级，和他们有着天然的联系。骑士阶层在共和国晚期经济上的地位迅速上升，并且渴望政治上的保障，却由于种种原因，并不特别热衷于直接参与政治，他们更愿意做的是在元老阶层之中寻找利益代言人。在西塞罗时代，"克拉苏虽然出身显贵，作为罗马最富有、最显赫的人，但是他却没有忠于本阶层，他成了资本家和银行家的第一代言人，第二代言人则是西塞罗"。如此，西塞罗获得了大量骑士的支持。

当然，我们不能忘记西塞罗从小接受的保守贵族的教育。因此，在骑士和元老阶层之间存在利益冲突时，他采取一种中庸立场，团结和维持阶层之间的和谐是西塞罗的政治理想，他称这为"好的事业"。他理想的政府应该包含元老和骑士阶层中温和的人们，他们的联盟是对抗革命激进派的堡垒，即主张建立由贵族和骑士组成的"好人政府"。对于骑士阶层和元老阶层而言，这无疑是个吸引人的口号。

西塞罗通过极力支持，以实际行动结交庞培，而西塞罗的能量和才能也是庞培需要利用的，"庞培也讨好西塞罗，因为西塞罗的支持能够增加庞培的势力和威望"。在庞培的默许之下，西塞罗便在各种场合中宣扬自己与庞培的友谊。而克拉苏、喀提林和安东尼乌斯之间则相互利用，"克拉苏和恺撒倾囊而出——不管是自己的还是借来的——并且动用各种关系，为喀提林当选创造条件"。

候选人经过长期、辛劳、花费巨大的游说后，再经历残酷的选举选票、计票之后，令人窒息的选举结果终于出来了：西塞罗大获全胜，安东尼乌斯稍微落后西塞罗几票，喀提林则落后于安东尼乌斯。因此，西塞罗和安东尼乌斯分别当选为第一、第二执政官，喀提林则以比较微弱的劣势输掉了选举。

西塞罗当选的原因可以从两方面解释：

一方面，"西塞罗是一个新人，但绝对不是一个普通的新人"。西塞罗在法庭上的天才使他持续在罗马公民面前精彩地演讲了近二十年，获得了大批各阶层的保护人，"一个经常为执政官辩护的人，不被认为是配不上执政官席位的"。并且"西塞罗小心翼翼地游说获得了数量巨大包括贵族在内的利益集团支持"。

另外一方面，正如撒路斯提乌斯所说的，在国家受到喀提林的威胁之下，当贵族们没有更好的选择时，他们不得不选择了有才能的西塞罗。从某种程度上看，西塞罗是当之无愧的"幸运儿"。

二、喀提林阴谋

粉碎喀提林阴谋是西塞罗担任执政官期间最重要的政治活动。在整个过程中，西塞罗显示出其高超的政治技巧和卓越的才能，这一事件是他政治生涯的顶点。

喀提林阴谋是在共和国末期罗马表面上繁荣而内部动荡不安，即将发生巨大变革的前夕发生的。这时各种政治力量之间呈现错综复杂的局面：代表保守力量的元老院和势力急速扩大的庞培，庞培和克拉苏，庞培和后来异军突起的恺撒，克拉苏与恺撒同元老院贵族乃至民主派，都存在着既相互依存又相互排斥的矛盾关系。喀提林阴谋就是这种错综复杂形势的一个爆发点。

路奇乌斯·塞尔吉乌斯·喀提林是西塞罗竞争执政官的对手。公元前 68 年他已经是行政长官了。公元前 67 年他从阿非利加长官任上返回罗马后，曾因勒索罪而被控于法庭，因此在公元前 66 年提出竞选公元前 65 年度的执政官时，他因诉讼问题尚未了结而被取消了竞选资格。由于罗马当时外放者几乎无人不贪赃枉法，因而行省长官回来后被控乃是常见的情况，对这一问题本来是可松可紧的，偏偏主持此事的执政官沃尔卡奇乌斯·图利乌斯（Volacacius Tullius）对此毫无宽恕之意，就和对待另两名候选人普布利乌斯·奥特洛尼乌斯·帕伊田斯（Publius Autronius Paetus）和普布利乌斯·科尔涅列乌斯·苏拉（Publius Cornelius Sulla，独裁官苏拉的侄子）一样。后两个人也是在当选之后因发现有行贿行为，而按照公元前 67 年的《卡尔普尔尼乌斯法》（*Lex Calpurnia*）被取消了执政官职位和元老院资格的。这一结果并非说明罗马政治执法严明，实际上是派系斗争的结果。

两位落选的执政官不肯善罢甘休，于是计划组织暴徒，让他们在通过补充选举当选的执政官路奇乌斯·奥列利乌斯·科塔（Lucius Aurelius Cotta）和路奇乌斯·曼利乌斯·托尔克瓦图斯（Lucius Manlius Torquatus）元旦就职并同元老院成员见面（在朱庇特神殿）时杀死他们，并夺取他们的棍束（执政官的权力标记）。他们的气焰极为嚣张，奥特洛尼乌斯本来就是个好惹是生非的人，负债累累的喀提林更是毫无顾忌。新任的执政官在元老院的提醒下作了相应的防范。按照撒路斯提乌斯在《喀提林阴谋》里的说法，这一暴力行动后来延期到元老院开会的 2 月 5 日，但终归还是失败了。

历史上这所谓的第一次喀提林的阴谋，其主角其实并不是喀提林，而是苏拉出钱拉来的一名打手，喀提林只是一个参加者。其余的参加者估计也都是那些破了产的贵族子弟。这甚至算不上阴谋，而是一种表示不满的武装威胁，只是想给新执政官一点颜色看看而已，因为不可能有这样明目张胆的"阴谋"。在奥特洛尼乌斯·帕伊田斯为行贿事受到审判时，他便有了利用自己的剑奴冲散法庭的打算。当时的选举几乎都是刀光剑影、杀气腾腾的，受到政敌的武装威胁和人身伤害已经是家常便饭。这次许给喀提林的报偿是支持他竞选公元前 64 年度的执政官，许给另一个参加者格涅乌斯·卡尔普尔尼乌斯·皮索（Gnaeus Calpurnius Piso）的报偿是使他去两西班牙（远、近西班牙）任长官。

喀提林竞选公元前 63 年度执政官失败之后，接着又宣布竞选公元前 62 年度的执政官。他打出的是为民请命的牌子，实际上首先是使自己摆脱困境，而像他这样欲壑难填的人除了当选执政官后到行省再去搜刮一番之外是没有别的出路的。这也正是他死乞白赖地非要把执政官职位弄到手的原因。跟随他闹事的那一群人的上层分子，其中包括时任的行政长官朗路团斯，也都是情况和喀提林差不多的负债累累的贵族分子。他们在经济上也都已处于山穷水尽的地步，所以想再掀起一次动乱，像苏拉专制的时期那样，乘机发一笔横财供他继续挥霍。

西塞罗深知喀提林当选公元前 62 年度的执政官会引起怎样的后果，又了解喀提林和盖乌斯·安东尼乌斯的前面提到的那种关系；而且安东尼乌斯和喀提林勾结起来竞选执政官也和那些权贵一样，无非是为了一个利字。为了分化他们，切断自己身边的这个内线，西塞罗把应当属于他的马其顿行省主动让给了安东尼乌斯，让他至少保持中立也好。

马其顿行省是个盛产牲畜、谷物、水果、木材的国土，它的银矿在罗马甚至是世界也很有名的。让出马其顿这一点也证明，西塞罗从政有他自己的理想和抱负。他绝不是唯利是图，贪得无厌的人。另一方面，作为执政官，他时时对喀提林加以防范。喀提林以其门第和他广泛的社会关系根本不把这位"新人"出身的执政官放在眼里，他反对西塞罗的活动可以说是明目张胆、肆无忌惮的，这一点西塞罗本人的演说可以证明。

喀提林一方面忙于竞选，一方面暗中作军事准备。他的根据地是埃特鲁里亚北部的城镇费祖莱，负责那里的军事行动的是苏拉过去的一名百人团团长盖乌斯·曼利乌斯，此人也是因为挥霍无度破了产之后才和喀提林勾结在一起的。西塞罗买通了一个名叫富尔维娅的妓女，并通过她买通克温图斯·库里乌斯（Quintus Curius），作为自己在阴谋者当中的内线。富尔维娅是参加阴谋的克温图斯·库里乌斯的情妇。库里乌斯气焰甚为嚣张，不懂得回避和保密，因此他将阴谋的内情原原本本地告诉了富尔维娅，很快西塞罗也一清二楚。公元前63年9月下旬或10月间，西塞罗根据他了解到的情况向元老院报告了喀提林准备夺取政权和取消一切债务的阴谋的详情。紧接着元老院在第二天召开会议讨论局势，为此而决定推迟执政官的选举。喀提林参加了这次会议，西塞罗在《为穆列纳的辩护词》里对这一天喀提林的表现作了描述：

"……因此在第二天，在一个拥挤的元老院（除去元老之外还有站在外面的旁听者）里，我指名要喀提林谈一谈人们报告给我的那些事情，如果他想谈的话。于是他像他一贯那样毫无保留，一点也不给自己辩解，他并且提出了不利于自己的证据而以身试法。当时他竟然扬言国内有两个身体，一个身体孱弱，头脑也不灵；另一个健壮，但是没有脑袋而只要他活着，如果这个身体理应得到他的支持的话，它是不会缺少这个脑袋的。拥挤的元老院虽然一致发出不满的声音，但依然没有作出与这一侮辱言词相适应的严厉决定，因为有些元老认为这根本没有什么可怕，因此没有鼓起勇气来作出决议，还有些元老是因为他们的胆子太小了。他得意洋洋地冲出了元老院，而按道理是根本不应当让他活着离开元老院的，特别是因为就是这个人，几天前在同一会场上，由于那位极为勇敢的加图说要公开审判他，他竟然对加图说，如果加图想使任何大火烧向他的财产的话，那他就不是用水而是用全面的毁灭来扑灭这场大火！"

执政官的候选人在元老院的这种表现，哪里像是搞阴谋，而是公开宣传他想做的事情。因为他知道，对于普通老百姓来说，权贵的贪赃枉法和沉重的债务早已是无法忍受了。不过话虽然讲得露骨，行动却没有跟上。再加上西塞罗作了相应地严密的防范，还是举行了第二年执政官的选举。在场主持的西塞罗如临大敌，他在长袍下穿了全副铠甲并且有武装的侍卫严加保护。喀提林不顾后果的做法虽然在破产者上层赢得了一部分拥护者，但是对残酷内战记忆犹新的一般平民毕竟是害怕喀提林再度挑起内战的。

选举的结果是喀提林再度落选。当选公元前62年度执政官的当然还是以元老院权贵为背景的人物，这表明了加强同喀提林对立的势态。至少在近期，元老院权贵对局势的控制是不成问题的。

喀提林的再次失败使他加紧采取了极端的行动，因为他已是走投无路了。喀提林依靠的一支主力就是曼利乌斯在埃特鲁里亚北方纠合的一支残缺不全的队伍。追随他的大多是负债累累的苏拉旧部，此外还有不甚可靠的坎佩尼亚的剑奴。喀提林的主要支持者还是城市里没落贵族的上层，而且人数不多。

曼利乌斯的杂牌军既缺粮又无钱，武器也不足，这种情况不容许他们拖延发动的时间，因此阴谋者决定：公元前63年10月27日曼利乌斯的队伍向罗马发动进攻，喀提林第二天在罗马城内接应，把所有的元老杀死。西塞罗从内线得到这个消息之后，便在10月21日召开的元老院会议上通报了全部情况。于是元老院宣布意大利处于战争状态，并在第二天的会议上宣布授予执政官西塞罗以应付紧急局势的全权。这就相当于是在罗马宣布了戒严令。

路奇乌斯·埃米利乌斯·保路斯表示他要追究喀提林破坏和平的责任。喀提林则表示愿意接受监督，他甚至请求西塞罗本人对他实行监管，但是遭到拒绝，因为这样做没有法律依据。曼利乌斯在10月27日按计划动了起来，可是罗马方面直到11月6日喀提林才在元老马尔库斯·波尔奇乌斯·莱卡家召开秘密会议，会上拟订了第二天凌晨刺杀西塞罗并占领全城的计划。盖乌斯·科尔涅利乌斯和路奇乌斯·瓦尔恭泰乌斯自告奋勇地担起了利用早上向西塞罗致意——这是对罗马上层人物例行的礼仪——的机会去刺杀他的任务。得到消息的执政官早已作了准备，使来访者吃了闭门羹，结果阴谋者的第一个重大举动遇到了挫折。这两个人的出现证实了情报的正确。面对这一危急情况，11月8日，西塞罗在朱庇特神殿召集了元老院的紧急会议，发表了他那著名的《反喀提林第一演说》。

"喀提林，到底你还要把我们的耐性滥用到什么时候？你的丧心病狂的行为还要把我们玩弄到多久？你的肆无忌惮的作风将要嚣张到什么程度？帕拉提乌姆夜间的守卫根本不在你眼里；到处都有的巡逻根本不在你眼里；人民的惊恐根本不在你眼里；所有正直的人的结合根本不在你眼里；元老院在这一防守坚强的地点开会根本不在你眼里；难道所有在场的人脸上的表情也根本不在你眼里？你不知道你的计划已经暴露？你没有看到，由于在场各位元老都已知道了这件事，而你的阴谋已紧紧地被制服住？你以为在我们当中还有谁不知道昨天夜里你干了什么，前天夜里你干了什么，你在什么地方，你集合了哪些人，你制订了什么计划？这是什么时代？什么风尚？"

西塞罗明确地表明了自己的态度：

"对于共和国以及对于抱有同样想法的人们的极为郑重的意见，我要简单地作如下的答复：'元老们，如果我认为把喀提林处死是最上策的话，那么我本人是不会叫这个剑奴多活一个钟头的！因为如果我们最崇高的人和最著名的公民并没有因为处死图尔尼努斯、格拉古兄弟和弗拉库斯以及古时许多人流血而受到玷污却反而受到尊敬的话，那我肯定是不会担心由于处死这个谋害公民的人而后来会将任何厌恶的情绪加到我的身上的。而且，如果我的确受到厌恶情绪的严重威胁，则我仍然始终不渝地相信，通过正义行动而招致的厌恶是一种光荣，而不是厌恶。可是，在元老院这里却有一些人，或者是看不到正在威胁着我们的灾难，或者是装作看不到这些灾难。他们提出的温和措施助长了喀提林的希望，他们由于不相信阴谋的存在，从而加强了势力日益扩大的阴谋。在他们的影响下，许多无知的人和坏人都会说，如果我惩办了喀提林，我的行为就是残酷和专横的。现在我知道，如果他现在正打算去曼利乌斯的营地，任何人也不会愚蠢到看不出这是一项已经安排好的阴谋，任何人也不会堕落到否认这一阴谋。如果只处决了这一个人，我知道国家的这场病可以暂时地得到抑制，但是并不能完全消除；如果他自己离开，如果他把他的一群朋友带走，并且把现在从四面八方收罗来的其他败类都集合在同一个地方，则不仅是在国内蔓延的这一疾病，甚至一切邪恶事物的根源和种子也将会被根除和摧毁了。'"

　　喀提林本人也参加了这次会议，他想发言回答西塞罗，但是被元老们制止。西塞罗的意思是要他离开罗马，这样至少可以保持城内也就是后方的安宁。西塞罗在演说中虽然威胁说执政官可以处死他，但大家其中包括喀提林心里都明白，西塞罗还不敢这样做，因为他手里没有证据，况且元老院里有很多人同喀提林是老相识并且有着千丝万缕的联系。人们之所以恨他是因为他想重新挑起一场摧毁一切的内战，这是人们无法接受的。如果西塞罗当真把喀提林逮捕，立刻会有保民官出来干预，熟知法律的西塞罗当然不会出此下策。不过他气势逼人的演说——特别是那些排句的力量——还是达到了他的目的，喀提林果然在第二天去了曼利乌斯的营地。对喀提林来说，这一行动注定了其阴谋的失败。

　　第二天即 11 月 9 日西塞罗向罗马人民发表了他的《反喀

提林第二演说》。

"公民们，路奇乌斯·喀提林这个肆无忌惮、罪大恶极、邪恶地阴谋摧毁他的祖国，用剑和火威胁你们和这座城市的家伙离开了。我们终于把他赶了出去，或者说把他打发走，或者说同他告别了。他离开了，退去了，溜掉了，逃走了。现在这个贱种和恶魔再也不能在我们的城墙内部发动任何破坏阴谋了。"

我们从演讲中可以感受到西塞罗的激动心情。他向人民说明他为罗马都做了些什么，但另一方面，他也了解这时人民的情绪。权贵的腐化堕落、贪赃枉法以及沉重的债务负担使罗马人民对喀提林恨不起来。元老院虽然作出了相应的决定，但西塞罗清楚，相当一部分的元老实际上是同情喀提林的，只是不满喀提林过火的做法而已。

留在城里的阴谋者首领普布利乌斯·科尔涅利乌斯·朗图路斯·素腊出身名门，在阴谋者当中是资历最高的。他是公元前71年度的执政官，后因道德败坏被开除出元老院，但这时他又是现任的行政长官了。作为现任的高级官吏而参加反政府的活动，那情况当然就更加严重了。他之所以铤而走险，除了个人野心之外，经济上的窘迫恐怕是更重要的原因。

正在这个时候，山北高卢的一个部族阿洛布罗吉斯人派使节到罗马来，控告罗马统治者和高利贷者对他们的压榨。阴谋者在罗马广场遇到阿洛布罗吉斯人的使节之后便同他们联系上了，过去高卢人的入侵曾是罗马人的一场噩梦，这时高卢人的问题仍是罗马人感到头疼的问题。现在高卢人的使节来了，又是控诉罗马人的暴政的，阴谋者当然要利用他们的这种反罗马的情绪。使节们一听到要他们参加阴谋的建议，就表示了很大的兴趣，但是在权衡了利害得失之后还是不敢冒险从事。他们通过他们的保护人法比乌斯·桑伽向西塞罗报告了这件事，西塞罗当即指示要阿洛布罗吉斯人将计就计继续和阴谋者周旋，以便取得确证。

阿洛布罗吉斯人按照指示，从阴谋者手中取得了确证，然后在 12 月 2 日的晚上在沃尔图尔奇乌斯的陪伴下离开罗马。沃尔图尔奇乌斯还带了朗图路斯（Publiius Cornelius Lentulus，公元前 81 年任财政官，公元前 71 年任执政官）写给喀提林的一封信，信中要求喀提林把奴隶也编入自己的队伍。西塞罗这边则把两位行政长官路奇乌斯·瓦列里乌斯·弗拉库斯（Lucius Valerius Flaccus）和盖乌斯·彭普提努斯（Gaius Pomptinus）安置到使节的必经之路穆尔维乌斯桥的两侧准备截击。一旦受到阻截的使节了解到是怎么一回事时当场就投降了，看到事情已经败露的沃尔图尔奇乌斯也乖乖地束手就擒了。这时大约是 12 月 3 日早上 3 点钟，因为是冬天，所以天还是黑的。

被截获的信被西塞罗原封未动地送到在协和神殿召开元老院会议的会场上去。接着从阴谋者凯提古斯家中又搜出了大批武器。阴谋分子受到审问时，他们不得不承认那封印是他们原来的，信是他们亲笔写的。这样一来，在书信当众宣读之后，他们的罪证就确凿了。担任行政长官的朗图路斯只好交卸自己的职务并且和其他的阴谋者一道分别接受一些著名元老的监管。元老院发布命令：以西塞罗的名义举行一次向诸神感恩的活动。正如西塞罗自己所说，这是非军事领袖从来没有得到过的荣誉。

紧接着在元老院的这次会议之后，西塞罗向聚集在广场上的民众发表了所谓《反喀提林第三演说》。演说有政府公报的性质。他向人民介绍了取得罪证的经过。在他拿出了真凭实据之后，才得到了人们的真正同情。

"对于我的这些重大的贡献，公民们，我不因勇气向你们要求任何报酬，不要求任何荣誉的标记，不要求任何颂扬的纪念物，我只要求永远记住今天这个日子。我希望所有我的胜利、所有荣誉的装饰、光荣的纪念物、颂扬的标记都将安置并树立在你们心里。任何不会讲话的东西，任何沉默的东西，最后，任何没有什么价值的人所能得到的东西都不能使我感到高兴。公民们，我的事业将要珍藏在你们的记忆里。它们将要在人们的谈话里被提到，将要在文献里变得历久而不衰。我知道，城市的安全和对于我的执政官任期的回忆注定要保持得同样长久（但我希望它们能保持到永久）。我还知道，有一个时期，在这个国家里有两位公民，一位公民不是用大地的界限，而是用天空的界线来确定你们的国家的边界，而另一位公民则保全了这个国家的家园和所在地。"

"至于我本人，现在在我的生活的欢乐上还能再增加什么东西呢？特别是当我看不出你们还需要加给我什么更高的荣誉，而我也不能期待登上任何更高的光荣的峰顶的时候。公民们，下面一点我肯定是会做到的：作为一位普通公民，我可以维护并表彰我在执政官的任期所做的事情，这样，如果我因为挽救国家而遭到憎恨，那只会使嫉妒的人自己受到伤害，只会提高我的荣誉。最后，在共和国里我将要这样地行动：我将永远记住我做过的事情并且特意要人们认识到，这是通过勇气而不是由于偶然的机会才做出来的。"

第二天即 12 月 4 日，一个名叫路奇乌斯·塔尔克维尼乌斯（Lucius Tarquinius）的人被带到元老院。据说此人是到喀提林那里去时被捉住的。他说他是奉克拉苏之命送信给喀提林的，但元老院立即否定了他的指控。同样的，想把恺撒牵连进来的阴谋也没有实现。元老院决定把赏金送给阿洛布罗吉斯人，已经定罪的阴谋者被宣布为叛国者。

12 月 5 日早上，重兵守卫的元老院再次在协和神殿开会以决定在押阴谋者的命运。元老院发表意见根据规定是按当选执政官、行政长官、现任执政官、行政长官以及前任的次序发言。后发言的可以表示同意已有的意见或另行提出自己的建议，最后由主持人交付表决。上面提到的当选执政官西拉努斯首先发言。他建议处死朗图路斯、凯提古斯、斯塔提利乌斯、加比尼乌斯和凯帕里乌斯等人，其他四人一经拿获也一并处死。另一位当选执政官穆列纳和其他元老都同意他的意见。但是轮到当选行政长官恺撒时，他却主张把犯人分到各自治市加以终身囚禁，但是要没收他们的财产。他的意见显然对罪犯采取了同情的态度，他要求冷静地对待引起全体人民的恐惧和憎恶的一个人的案件。他的思路及发言清楚并具有说服力，乃至又有许多元老同意了他的看法。于是西塞罗发言，这就是所谓《反喀提林第四演说》。

"你们目前有的是这样一位执政官，他曾从多次的危险和阴谋中得救，从九死一生的危急状态下得救，但这不是为了他个人，而是为了使你们能够保存下来。为了拯救共和国，所有的等级在目的、心愿、意见方面都已团结到一起。我们的祖国遇到了一次邪恶不义的阴谋的火与剑的威胁，她在向你们伸出恳求的双手。她把她自己托付给你们，她托付给你们的还有全体公民的性命，卫城和朱庇特神殿，她的家神的神龛，维斯塔的永不熄灭的圣火，所有的神的神殿和庙宇，以及我们罗马城的城墙和住宅。而且，今天你们的性命、你们的妻子儿女的性命、所有人的财产，他们的房屋和炉灶，这一切都有赖于你们作出决定。你们有一位关心你们，但是忘掉他自己的领袖——这并不是任何时候都会有的一个有利条件；你们有所有的等级、所有的人、全体罗马人民的支持，绝对一致的支持：在政治事务方面，我们在今天是第一次看到这样的事情。请想一下怎样在一夜中间便几乎摧毁了经过千辛万苦才建立起来的统治大权，摧毁了需要极大的勇气才确立起来的自由，摧毁了通过诸神何等的垂爱才增加和积累起来的财富吧。今天我们必须注意使公民在今后永远不会做出这样的事情，甚至想一下这样的事情。而我讲这些东西并不是想激励你们，因为你们的热情往往比我还高。我只是把在共和国里应当第一个发出来的呼声要人们听到，以完成一位执政官应尽的职责而已。"

他总结了恺撒的论据，但他明确表示同意西拉努斯的意见，即使自己为此会遇到危险也在所不惜。继而提比略·尼禄——后来的提比略皇帝的生父——又提出了折中的办法，建议把囚犯关押到把喀提林打败并取得更多罪证之后再予处理。西拉努斯于是又表示同意尼禄的建议。这时西拉努斯处死犯人的意见有被否定的危险，据情况来看，犯人至多不过是终身监禁罢了。但是轮到加图发言时，形势急转直下。他坚决主张立即处死犯人并得到了元老们的同意，而恺撒所能做的至多也不过是不使他们的财产被没收罢了。结果绝大多数元老同意了死刑的决定。

就在 12 月 5 日那天晚上，以朗图路斯为首的阴谋者（凯提古斯、斯塔提利乌斯、加比尼乌斯和凯帕里乌斯）在西塞罗的亲自监督下被绞死在古老的地牢图利亚努姆。西塞罗在行刑完毕离开时，对在那里围观的民众只讲了一个词：Vixerunt，意思是"他们活过了"。

在返回途中，市民向他高声地喝彩和欢呼，赞誉他是国家的救星和恩主，每户都把灯笼和火把放在门口，街道被照得如同白昼。

三、遭遇流放

西塞罗从当选为执政官就被卷入政治斗争的旋涡之中。这位共和国的斗士表现出了超常的勇气和智慧，也为他后来的遭遇埋下了伏笔。

出于政治目的，一直以保护骑士阶层利益为己任的西塞罗，在当选执政官以后，更弦易辙，以贵族保护者的面目出现。西塞罗的真正出发点是维护共和国的利益。西塞罗认为自己的使命是使共和国政体的各个成分平衡，如果任何一种成分占了绝对优势，就会打破这种平衡，自然会威胁到共和国的安危。了解到这一点，就会对下面的两个事件中西塞罗的立场释然了。

公元前 64 年，保民官 P. 塞尔维利乌斯·鲁卢斯提出一项土地法草案，内容是选举十人团。该团在为期五年的时间内拥有财政权和司法权，在意大利境内建立移民区。为筹集资金，大部分的公共地产以及被兼并的原属各君主国的王室地产和其他在西西里、西班牙、非洲等地的不动产将被出售。凡是征战所获钱财也一律上缴十人团。这一法案与格拉古兄弟的改革如出一辙。克拉苏和恺撒是保民官塞尔维利乌斯的幕后操纵力量。该法案的实施将会摧毁元老院的力量。因为，十人团的设立以及其手中的巨大权力会架空元老院，而收回地产的主张的最大受害者就是元老们。该项法案一旦通过，必将在罗马引起一场政治风暴，而且，该法案还将使政府与行省居民以及与同盟国的关系处于紧张状态。

西塞罗坚决反对这一法案。公元前 63 年 1 月 1 日，西塞罗在元老院发表演讲，其惊人的气势使建议者缄默不语。次日，他又向人们发表演讲。鲁卢斯作了答辩，西塞罗用第三篇演讲作为回答。在演讲中，西塞罗涉及许多问题，如独裁官确立的隶农制度问题，从宣布不受法律保护法之下获利者取得的财产问题等。西塞罗指出，该项法案有专制的危险，他提醒人们回忆苏拉的危险。他分析，元老院议员们的社会地位是同他们的地产联系在一起的。财富的丧失必然会导致社会地位的下降，而共和政体的各种力量之间的平衡也必然打破。这是西塞罗不希望看到的，他最终凭借雄辩使那项法案被否决。

另一事件是 C. 拉比里乌斯案件。C. 拉比里乌斯是一位老者，被 T. 拉比努斯指控犯有叛国罪，起因是公元前 100 年他亲手杀死了乱党头目阿浦利乌斯·萨图尼努斯。公元前 63 年，在恺撒的授意下，他的案子开庭审理，案件的焦点在于禁止元老院使用《元老院最后令》。《元老院最后令》的内容是赋予执政官为应付紧急情势，有采取各种措施的权力。而《元老院最后令》赋予执政官有征集军队和采取某些在平时看来有悖于公民特权措施的权力。拉比里乌斯在指控萨图尼努斯时就运用了《元老院最后令》。指控拉比里乌斯的真实意图在于质疑元老院所拥有的这一权力，指控从表面上看起来冠冕堂皇，为反对元老院提供了极佳的借口。

西塞罗与霍滕修斯一起，为拉比里乌斯辩护。西塞罗在演说中指出，抵制萨图尼努斯的阴谋并非拉比里乌斯及少数谋杀者的个人行为，而是元老院议员们、骑士乃至全体人民服从执政官权力的行为。紧接着，他高度赞扬当时的执政官 C. 马略，正是他的智谋和韬略瓦解了萨图尼努斯的阴谋。这篇演讲为元老院保住了一项极其重要的特权：保卫国家的最高维护权。之后不久，西塞罗就在粉碎喀提林阴谋中行使了这一权力，这也是他后来遭遇流放的原因之一。

在处决喀提林分子中，西塞罗招致了许多怨恨。当他出任执政官期满时，他要求发表自己颂词的权利被拒绝了。而一些别有用心的人又试图说服当时正在东方的庞培，希望他回来与西塞罗抗衡。西塞罗给庞培写了一封信，建议与他联盟。庞培收到信函后，并不像西塞罗想象的那么欣喜，反而对西塞罗心生嫌隙。

公元前 62 年和公元前 61 年发生的西塞罗和克劳狄乌斯之间的恩怨是导致西塞罗被流放的直接原因。在罗马人眼里，克劳狄乌斯及其家人臭名昭著。克劳狄乌斯家族曾是罗马公民的骄傲，是深受尊敬的贵族。然而，克劳狄乌斯兄弟及其三个姐妹，尽管才智过人，容貌俊美，却因为无所顾忌的行事风格、奢侈放荡的生活方式，而成为罗马人的谈资。

西塞罗详细记载的这个故事简直就是一出闹剧。在善德女神节，按照传统，这是非常重要的典礼，只有妇女可以参加，任何男性都不得进入举行庆典的屋舍。据说，连雄性的老鼠也不许留在那里。恺撒当时是大祭司，他的住宅被选为举行仪式的场所。这为克劳狄乌斯提供了机会。克劳狄乌斯一直垂涎恺撒的妻子庞培娅，二人勾勾搭搭，但庞培娅的婆婆是一个极其审慎的女人，加之保姆的警惕性，二人一直不能如愿。胆大妄为的克劳狄乌斯与庞培娅约定在善德女神节到恺撒家幽会。克劳狄乌斯那张如同少年没有胡须的脸很适合化装，他扮成歌女，庞培娅的侍女在门口迎接他。当克劳狄乌斯进门以后，侍女去向庞培娅通报。克劳狄乌斯等得不耐烦，就自己去寻找情人。当他穿过房间时，与人搭腔，声音出卖了他。当时的场面一片混乱，"圣物"被遮盖，圣仪被宣布无效，屋舍受到搜索，但毫无结果。克劳狄乌斯已被庞培娅的侍女偷偷带了出去。但他还是被认了出来。第二天，城里到处有人幸灾乐祸地议论这一丑闻。

女人们找到保民官，控告这位冒犯者亵渎神圣的习俗。据说，还说服丈夫们提出另一项指控：克劳狄乌斯与他的一个或三个姐姐乱伦。而克劳狄乌斯则声称，善德女神节期间他不在城里，并且有人作证。恺撒极力粉饰此事，发誓说，他对此事绝不相信。

西塞罗被卷入此事。克劳狄乌斯想让西塞罗证明他当时在城里，在节日的那天傍晚，西塞罗受邀拜访克劳狄乌斯。最终，西塞罗证实克劳狄乌斯不在城里。在指控克劳狄乌斯的案件中，西塞罗提供的证据本可以令其受到惩处，但从审判官到陪审团成员都被克劳狄乌斯收买，结果是克劳狄乌斯被无罪释放。从此，克劳狄乌斯视西塞罗为死敌。

此时，西塞罗还写了一部三卷本的诗作。其中写道："幸运的罗马啊，在我这个执政官手中诞生了！"另一句是："让暴力在托加面前却步，让桂冠在功勋面前失色。"有人认为，前一句过于骄傲自大，而后一句得罪了庞培。庞培认为，西塞罗对自身的评价高于对自己的评价。一向自视颇高的庞培被激怒了。事实上，西塞罗的本意是说，法律与和平比战争更好一些。

执政官任期满后，西塞罗希望自己被列入第一等级，进入元老院。王政时期主要作为王咨议机构的元老院，在共和早期似乎仍扮演着相似的角色。它只是在行政长官要求时提供咨询。从理论上来说，它既不能通过立法也不能发布命令，而只能就行政长官提出的问题经过讨论形成决议。但是随着平民与世族贵族斗争的不断发展、深入以及与此相应的罗马共和官僚体制的逐步完善，元老院的构成和作用都发生了深刻变革。世族贵族对元老院的垄断得以打破，不断有平民上层家族的成员，即所谓"新人"进入元老院。而元老院在罗马政治和社会生活中的作用和地位也变得越来越重要，除了行政官员的常规事务外，凡是国家大事实际上都要得到它的许可，即元老院的批准。对外部世界而言，元老院就是罗马共和国的象征。如果说元老院的权威是随着共和体制的完善而不断加强的话，那么随着罗马社会历史的变迁，其权威的丧失也标志着共和体制的衰亡。在一般情况下，由于罗马共和时期官员并不很多，多数官员，特别是担任贵族官职的官员一般都能进入元老院。这一状况到苏拉时依然如此，对于包括财务官在内的多数官员来说，一朝为官则可终生为元老。但西塞罗的打算落空了。此时，庞培从东方回来，由于部队遣散，手中没有军队作为后盾，他不再令人生畏。元老院开始仇视他。嗅到危险的庞培开始寻求帮助，于是恺撒、庞培、克拉苏三人一拍即合，于公元前 60 年 7 月制订了一个以瓜分权力为目的的密谋计划，形成"前三头"政治。

该计划的第一个目标就是设法让恺撒当选公元前 59 年的执政官。恺撒扬言，他一出任执政官，就将提交一项土地法草案。恺撒希望西塞罗会支持他，于是向他提出，让其加入到庞培和克拉苏的合作之中。这一提议颇具诱惑力，如此，西塞罗既不会失去荣誉，地位也有保障。西塞罗认为如果自己接受，就意味着将否定过去所有的生活，于是他拒绝了。

恺撒的土地法最终投票通过了，元老院的反对没有成功。西塞罗没有发表任何意见。作为回报，恺撒提名让他参加二十人委员会负责实施该项法律，西塞罗再次拒绝。当公元前 63 年的执政官 C. 安东尼·希普里达被起诉在马其顿行省任总督时有渎职行为时，西塞罗担任他的辩护人。西塞罗在辩护词中对恺撒进行了猛烈的抨击。恺撒感到受到侮辱，决定除掉西塞罗。就在西塞罗发表辩护词的当天，他收买了西塞罗的死敌——克劳狄乌斯。这意味着后者可以谋求保民官的职位了，果然，在当年克劳狄乌斯就如愿以偿了。

久经政治历练的西塞罗当然知道这意味着什么。他离开了罗马，退隐山间别墅。其间，他想争取一项任务赴埃及，但未能成功。他构思了许多著作，但因时刻挂念罗马，无法静下心来。他无法忍受与世隔绝的孤独，终于返回罗马。很快，他承担了朋友 L. 弗拉库斯诉讼案的辩护。后者在西塞罗担任执政官期间是大法官，在粉碎喀提林阴谋的斗争中发挥了积极作用，而且，他确保了罗马在亚洲行省的统治。他被指控在亚洲任职期间犯有敲诈勒索罪。此案是恺撒和庞培暗中策划的，目的在于打击西塞罗，证明西塞罗的威望已经不足以保护自己的朋友。霍滕修斯和西塞罗共同负责该案的辩护。弗拉库斯最后被无罪释放。"保守派"以此表达对西塞罗的感激之情。而令西塞罗激动的则是这个案件表明：为了共和国的利益，元老院议员、骑士以及其他阶层联和起来向试图打破这一平衡的势力作斗争。

恺撒不能容忍西塞罗的作对，提出让西塞罗在高卢行省担任副官，但西塞罗仍是拒绝。就在此时，克劳狄乌斯就职保民官。在就职当日，克劳狄乌斯提出一些法律草案，西塞罗未置一词。克劳狄乌斯之前向西塞罗作出担保，只要西塞罗保持沉默，就没有问题。但克劳狄乌斯很快又提出一项"关于公民性命"的法律草案，该草案直指西塞罗。该法案规定：任何公民非法处死另一个公民者，"将被禁止用水和火"，也就是说将被驱逐出公民共同体。如果该项法案通过，对于西塞罗来说，就意味着被流放、职业生涯的终结、物质财富的丧失和亲人的离散，所以，他必须不惜任何代价阻止这项法律的通过。西塞罗发动一批人想办法阻止该法案的通过。于是，有将近两万名骑士头发都不梳理，聚集在朱庇特神殿，恳请两位执政官 A. 加比尼乌斯（Aulus Grabinius）和 L. 皮索（Lucius. Calpurnius Pison Caesoninus）行使他们的否决权。加比尼乌斯是庞培的亲信，而皮索是恺撒的岳父，当然会拒绝采取行动。不仅如此，加比尼乌斯还将骑士的首领 L. 埃利乌斯·拉米亚赶出罗马。西塞罗前往阿尔贝，请求庞培的帮助。庞培拒绝见他。

很快，该法案被投票通过。为置西塞罗于死地，克劳狄乌斯在一个月后又提出《关于放逐西塞罗》法令。当日，西塞罗的财产被洗劫，住宅被毁。西塞罗只好出走，以避免被进一步迫害。他坚信，这项法令会被人民拒绝。投票表决在 4 月末，他在罗马城附近留了下来。他希望大法官们能站在他这一边，但两位执政官根本不允许他们这么做。最后，连阿库提斯也离开了他，他绝望到甚至想自杀。按照那项法令，各地不许任何人供应西塞罗炊火和饮水，在意大利五百里范围内不得让他留宿家中。但大多数民众对西塞罗殷勤照料，沿途护送。最后，他被当时正在塞萨洛尼基任财政官的挚友 G. 普朗西乌斯庇护起来。

根据这一时期西塞罗的书信，我们会发现，西塞罗其实并未完全丧失希望，他坚信自己终究会回到罗马，他委托泰伦提亚秘密筹划赎回被充公的财产事宜。他给庞培写信，积极为返回罗马作准备。

在罗马，关于是否召回西塞罗也处于争执之中。克劳狄乌斯开始攻击庞培，令庞培无法忍受。庞培开始后悔，痛恨自己背叛西塞罗是懦夫行为。为了补偿，他授意保民官 L. 尼尼乌斯·夸德拉图斯向元老院提出召回西塞罗的动议。另一位保民官投了否决票，这件事暂时被搁置。尼尼乌斯打算再向平民会议提交一项召回法案。克劳狄乌斯以暴力阻止了这一法案的通过。元老院议员们以不再处理公务作为回击。

行政官 P. 塞斯提乌斯就是否召回西塞罗去征求恺撒的意见，得到了恺撒的首肯。因为，恺撒已确认，西塞罗不会像以前在国家政治生活中产生重大影响了。当时的两位执政官也是同情西塞罗的。在一次元老院会议上，庞培已授予西塞罗"祖国救星"称号。8 月 4 日通过的一项法律使西塞罗召回在法律上成为可能。西塞罗 8 月 4 日启程返回罗马，于 8 日收到恢复他在城邦内地位的正式通告。

西塞罗刻意选择 9 月 4 日回到罗马，因为这一天正是罗马竞技大会开幕的日子，它标志着朱庇特神殿的建立。人们从四面八方前来迎接他，克拉苏在他流放之前本是他的政敌，现在主动出城迎接，同他言归于好。西塞罗恢复了他在元老院的地位。三天以后，他提请元老院通过了一项元老院法令，委托庞培负责重新组织和保障罗马城的供给事务。这是他对庞培的回报。

四、流放归来

西塞罗一回罗马，就发表了两篇演讲，分别向元老院和人民表达了感激之情。在演讲里，他向造成他流放的两名执政官和克劳狄乌斯进行了猛烈的抨击，同时对庞培极尽褒扬之词。他的那些劫后的财产也令他颇费心思，特别是克劳狄乌斯已把其中的一部分地产以祝圣的名义献给了自由女神。西塞罗经过一场诉讼大战后，才夺回属于自己的财产。

公元前 56 年对西塞罗来说是一个繁忙的年份。2 月，他为 L. 卡尔布尼乌斯·贝斯提亚辩护。后者被指控在竞选大法官期间有阴谋活动，结果胜诉。3 月，他为 P. 塞斯提乌斯辩护。P. 塞斯提乌斯曾为召回西塞罗到恺撒那里斡旋，他被指控从事阴谋和暴力行动。最后，P. 塞斯提乌斯被无罪释放。4 月，西塞罗为 M. 凯利乌斯·鲁弗斯辩护。凯利乌斯曾是西塞罗的学生，他与克劳狄乌斯的妹妹克洛狄亚通奸，后二人反目，弄得路人皆知。克洛狄亚为向他报复，唆使人指控他对埃及的使者施暴，并说他曾欲毒死自己。经过西塞罗的辩护，凯利乌斯被无罪释放了。

不久，西塞罗开始关注元老院的一项提案，该提案要求修改恺撒的土地法，废止关于分块出售坎帕尼亚地区土地的条款。西塞罗的真实意图是借此削弱三巨头的势力。然而，三巨头很快觉察到了西塞罗的意图，达成了瓜分世界的新协议。克拉苏和庞培将出任公元前 55 年的执政官，克拉苏将获得叙利亚行省，庞培将获得西班牙两行省的总督职位，恺撒高卢行省总督的职位将保留并延长五年任期。很明显，三巨头已对西塞罗心生警惕。他们开始担心西塞罗的影响力，并采取措施加以防范。

庞培通过西塞罗的弟弟昆图斯向西塞罗施压，不希望西塞罗与恺撒作对。而西塞罗审时度势，已经认识到试图打破日益强大的三巨头同盟是一件非常危险的事情，于是 6 月份，他发表的《关于行省执政官阶总督的委命》演讲中，对恺撒极尽赞美之词。不久，西塞罗为 L. 科内利乌斯·巴尔布斯辩护。巴尔布斯是恺撒和庞培的朋友和被保护人，他被指控冒用公民权。克拉苏和庞培亲自参与此案的辩护。三巨头想以此案向元老院昭示，西塞罗已经与他们达成协议。

西塞罗又开始了他心爱的写作。三卷本的《论演说家》就是这一时期的作品。这是一段相对平静的时期，西塞罗尽情享受阅读写作的愉悦和悠闲的生活。

不久，三巨头开始对西塞罗施加压力。公元前54年，西塞罗被他们拉去为被指控进行选举阴谋的瓦提尼乌斯辩护。后者是恺撒的代理人和被保护人。就在两年前，西塞罗曾经对他控诉。这次，他顺从了庞培和恺撒的意思，并打算用瓦提尼乌斯向克劳狄乌斯进行对抗。他还应庞培的要求为自己的宿敌加比尼乌斯辩护，还有为 C. 拉里比乌斯·波斯图穆斯辩护。拉里比乌斯投靠恺撒，恺撒在背后操纵此案。而拉里比乌斯还是西塞罗的恩人。在流放期间，拉里比乌斯曾借钱给他。当年，西塞罗还参与另外两桩案情复杂的诉讼案。一桩是 G. 普朗希乌斯案，一桩是 M. 埃米利乌斯·斯考鲁斯的案子，西塞罗代理前一个案件的理由仍然是为报答普朗希乌斯在他流放期间对他的庇护之恩。

西塞罗开始对国家的政治生活忧心忡忡。此时的罗马，传统的制度已失去作用，到处是腐化堕落与阴谋诡计。元老院影响不再，人民早已被控制。三巨头分裂的迹象日益明显。共和国大厦摇摇欲坠。西塞罗开始着手《论共和国》的写作。他进一步明确了他的观点：最好的制度是兼具君主政体、贵族政体和民主政体性质的制度。一种强烈的情感一直贯穿于整本书中：对那些将城邦据为己有、破坏共和政体观念的专制君主的仇恨，因为共和国属于全体公民。他甚至希望恺撒死掉，因为后者即将成为共和国的主宰，而共和国是应属于共同体不同成员的，每一个成员根据其地位在其中都应有自己的位置。

公元前53年是混乱的一年。西塞罗被遴选到占卜官团，成为传统信仰保护人之一。当时克劳狄乌斯与苏拉的女婿——

T. 阿尼乌斯·米洛（Titus Annius Papianus Milo，公元前57年任保民官）斗得不可开交。两人在罗马广场、玛斯（战神）广场进行了暴力争斗。赌注是克劳狄乌斯要谋取的大法官职位，米洛要谋取的执政官职位。公元前52年的某天，二人偶遇，互相争斗，克劳狄乌斯被杀死。当晚为克劳狄乌斯的守灵演变为骚乱。第二天，克劳狄乌斯的支持者火烧元老院。元老院发布《元老院最后令》，并委托庞培负责恢复秩序。庞培负责督导整个司法程序的进行，并与恺撒组成审判米洛的特别法庭。西塞罗是唯一一站在被告一方的人，庭审过程极为混乱，西塞罗的演讲被搞得七零八落。米洛被判有罪，流放至马萨利亚。为米洛的辩护词是西塞罗的代表作之一。西塞罗对克劳狄乌斯的个人恩怨以及对其破坏共和国行径的痛恨表现得淋漓尽致。

根据庞培在公元前52年通过的一项法律：凡卸任的，不曾担任过行省总督职务的行政官官员（执政官和大法官）将得到一个行省的管辖权。据此，西塞罗将到西利西亚赴任。这一委任令西塞罗喜忧参半。一方面，重新成为罗马帝国一方领土的长官，令西塞罗很满足。但西利西亚形势复杂，而西塞罗更为担心的是他离开罗马后，当罗马形势危急时，他不能力挽狂澜。

西塞罗到任后政绩卓著。他成功地击败了山区居民的反叛；游刃有余地处理复杂的金融事务，还使许多曾掠夺过各自城邦财富的系列官员退了赃。但西塞罗更挂念他的罗马，终于，在10月1日，西塞罗启程返回罗马。

西塞罗返回罗马没多久，元老院准备通过一项决议，授予他举行凯旋式的荣誉。西塞罗却表示只要有助于调和恺撒与庞培的歧见，他并不计较个人得失。他多次写信给恺撒，亲自拜访庞培，竭力劝说双方，但最终还是徒劳。不久，内战就爆发了。在恺撒与庞培之间，西塞罗选择了庞培。随着1月7日通过的《元老院最后令》，将恺撒置于法律保护之外。1月12日，正式开战。接受了统帅之职的庞培放弃罗马，同执政官和元老院驻扎在坎帕尼亚地区，西塞罗随行。庞培委任西塞罗一项军事指挥权，西塞罗却毫无建树，因为他仍在努力促成恺撒与庞培的和解，但毫无结果。恺撒写信给他，表示希望他能回到罗马，参加日后由他组成的新的元老院。西塞罗准备拒绝，但他最终答应与恺撒会面。西塞罗当面拒绝了以他进入元老院为担保继续进行内战，于是两人不欢而散。经过犹豫，西塞罗还是决定回到庞培那里。在当时的情境之下，他是无法保持中立的。

在公元前49年年底和公元前48年年初，西塞罗情绪极为低落。他拒绝担任任何指挥职务。在庞培兵败逃跑后，他拒绝担任残部统帅职务。因此，他差点被庞培长子和其朋友们处死，罪名是反叛罪。加图帮他逃出军营，给了他返回意大利的盘缠。他到达布林迪西后，留在那里等候恺撒的发落。直到公元前47年9月25日，恺撒才从东方回来，西塞罗前去迎接。恺撒一看见他，立即从车上下来，与他肩并肩徒步前行，两人进行了长时间友好的交谈。西塞罗振作起来，于次月初回到了罗马。

后来，共和国演变为独裁政体，西塞罗退出公职，教授年轻人研习哲学，其中不乏家世高贵和身居要位之人，他再度在罗马拥有很大的影响力。同时，他也从事撰写著作和翻译哲学对话录工作，以写诗作为消遣。

第 4 章

政治、法律：关于国家与法律

一、《论共和国》："国家乃人民之事业"

西塞罗的《论共和国》模仿了柏拉图的《理想国》。《论共和国》采用对话体，假设的谈话时间是公元前 129 年 1 月末至 2 月初拉丁节期间，谈话地点是小斯基皮奥在罗马郊区的一座庄园里。斯基皮奥家族是古代罗马的名门望族之一，在罗马历史上发挥过重要作用。小斯基皮奥崇尚希腊文化，维护罗马古代传统，在自己周围团结了一批作家、诗人，形成一个文化小组，对当时的罗马文化发展起了积极的促进作用。西塞罗把小斯基皮奥视为公正、仁慈的罗马国家领导者的化身。参加谈话的除小斯基皮奥外还有八位，其中四位年长者是斯基皮奥小组成员，另外四位青年人是风华正茂的年轻一代。

西塞罗安排的关于共和国的谈话延续三天，每天谈一个问题，每一个问题包括两卷。第一天谈最好的国家体制问题，第二天谈国家概念的哲学基础问题，第三天谈最优秀的国家管理者问题。整个著作以斯基皮奥之梦结束，说明忠实地服务于国家的人死后会得到永生。

《论共和国》在古代很有影响。西塞罗的朋友 M. 凯利乌斯·鲁弗斯在公元前 51 年致西塞罗的信中写道:"你的《论共和国》受到所有人的高度评价。"传下许多古代作家对这部著作的称引,其中包括基督教作家的摘引,表明这部著作在古代流传很广。

西塞罗在《论预见》中列举自己的哲学著作后说道:"属于这类著作的还有《论共和国》六卷,它们写于我仍然掌握着管理国家的舵柄的时候。书中研究的问题很重要,与哲学有直接关系,柏拉图、亚里士多德、特奥费拉斯托斯和所有逍遥派哲学家都研究过它。"西塞罗在这里指出了自己的国家理论与希腊哲学家的国家理论的渊源关系。

西塞罗是位折中主义者,他自称信奉柏拉图,但实际上对他影响最大的是斯多葛派哲学,斯多葛派的自然论(自然神性)是他的世界观的基本出发点。西塞罗与柏拉图的主要区别在于他以社会现实特别是以罗马国家现实为基础,使自己的国家理论摆脱了柏拉图唯心论的乌托邦色彩。

西塞罗在谈论国家问题时,给国家这一概念下了一个重要的定义,这一定义经常被后代欧洲政治理论家和政治理论著作所引用。"国家乃人民之事业,但人民不是某种聚合的集合体,而是许多人基于法的一致和利益的共同而结合起来的集合体。这种集合体的首要原因不在于人的软弱性,而在于人的某种天生的聚合性。"在这里,西塞罗首先把国家界定为人民的事业,然后对人民作出了解释,继之又对这种集合体形成的原因作出说明,通过这样有着内在逻辑关系、层次分明的定义,西塞罗把对国家的理解解释得一清二楚。

在国家的起源上,西塞罗继承了古希腊的观点,进一步提出国家一方面是人出于天生喜好群居的自然习性即社会性聚集在一起，自然而然地建立起来的；另一方面是人们基于共同利益的需要，通过订立协议建立起来的。除此之外，西塞罗还用历史演进的眼光看待国家的起源："我们的国家不是由个人，而是由许多人建立的，不是由一代人，而是经过数个世纪，由数代人建立的。"西塞罗明确地提出国家是历史演进的结果，比之前人是一个明显的进步。国家的起源不仅涉及国家的起因，还关系到建立国家的目的。在此问题上，古希腊罗马思想家都持一种伦理国家观，即把国家看作一个具有独立伦理价值的精神实体，它的目的在于塑造公民灵魂、履行最高德行、实现正义、追求"至高无上的善"。柏拉图在《理想国》中描绘的正是这样一个正义的理想国家；亚里士多德虽然把政治学从伦理学中分离出来自成体系，但其政治思想仍然深深地刻有伦理的烙印，认为国家就是要打造高尚的灵魂；西塞罗也是如此，他说道："统治者管理国家就是要让公民生活幸福，并且使这种生活荣耀、尊贵，避免败名和耻辱。"

在西塞罗之前，希罗多德、柏拉图、亚里士多德、波里比奥斯（约公元前204~前122年。本是希腊贵族，公元前166年被作为希腊人质带来罗马。他通过对希腊城邦和罗马城邦的比较研究，认为最优秀的国家体制是各种简单的国家体制的混合形式，并且认为国家体制的变化是循环式的，这种变化的根本原因是各种简单体制本身的不稳定性）对政体进行过研究，尤其以后三者的政体学说成就斐然，影响巨大。在此问题上，西塞罗好比站在巨人肩上，虽能高瞻远瞩却前进不得。但并不是说他毫无建树，至少在一些学者眼里，在研究方法和目的上他有自己的特点："柏拉图是构思一个理想的国家模式，亚里士多德是在寻找一个切实可行的优良政体，那么西塞罗则以回顾历史的方式证明罗马共和国政体的无比优越性。"

西塞罗根据统治人数的多少和执政宗旨把国家政体划分为三类七种。第一类是简单政体,包括一人统治的君主制(王制)、少数人统治的贵族制、多数人统治的民主制;第二类是简单政体的变体,分别为暴君制、寡头制、暴民制;第三类是混合了上述君主制、贵族制和民主制因素的共政体。西塞罗认为,君主制、贵族制和民主制是常态(正宗)政体,暴君制、寡头制和暴民制是非常态(变态)政体,实行简单政体和共和政体的国家能称为国家,实行变体的国家不是国家。在简单政体中君主制最为优越,因为君主与神性和理性暗合相通,他像对待自己孩子般关心、保护他的国民,在国家危急关头能以智慧带领国家驶离危险。民主制最为糟糕,因为它打破了等级,抹杀了个人价值,最终使国家陷入混乱。他称民主制为"集体僭主","是模仿人的外形和名称的野兽"。他还认为三种简单政体中的每一种只要不受不公正的行为和欲望的干扰都能保持国家稳定,但是每一种都有各自的缺点:王政之下其他人都被排除在公共立法和协议之外;贵族统治下,人民被剥夺了任何公共协议和权利,没有自由;人民的统治不管如何公正、温和,由于不存在任何地位等级,那么公平本身就是不公平的。由于这些缺点,三种政体"没有哪一种不顺着一条急速、平滑的道路通向这种或那种临近的不幸"。于是君主统治改变了无政府状态,使国家变得有序,但君主制会由于君主的不公正而被暴君制取代;暴君的残暴会激起民愤,贵族或人民推翻建立起贵族制或民主制;人民的贪欲会使民主制最终演变成暴民制;贵族制日久会变成寡头制,寡头制被人民推翻建立民主制,而民主制又由于上述原因失控堕落成暴民制,重回无政府的状态。

可见，如柏拉图、亚里士多德和波里比奥斯一样，西塞罗也是政体循环论者，但是在政体具体的演变顺序上并未完全按照他们简单的固定公式，而认为代替君主制的既可以是暴君制也可以是暴民制，暴君制既可以为贵族制取代，也可以为寡头制或民主制取代，柏拉图、亚里士多德和波里比奥斯的政体循环沿着既定的、单一的顺序滑向无序的深渊。西塞罗的政体循环也难逃无序厄运，但并非单一、直线的循环，而是曲折的多线循环，其过程蕴含多种可能。所以，如果说柏拉图、波里比奥斯是政体单线循环论者，那么，西塞罗是政体多线循环论者。

学术界历来认为西方思想家把稳定性作为衡量政体好坏的标准，实际公正性在他们眼中更为重要，因为若无公正便无稳定。但是古希腊人的公正是数量平等，每个人平等地参与公共事务，结果人数众多的穷人掌握实权，少数人的意见即使是正当、正确的也被置之不理，容易形成民主批判者所谓的"集体暴政"。有感于此，西塞罗主张等级平等，即少数人与多数人拥有平等的参与权，权力的分配既要考虑多数人也要兼顾少数人，在两者之间实现平衡。这种"平衡"的关键在于使人民得到适当的权力和自由，因为在君主制和贵族制下人民毫无权力、自由，易激起暴动，而民主制下人民又自由过度，易导致无政府主义。

那么如何摆脱这好似宿命般的轮回？有没有一种既公正又稳定，能确保国家长治久安的政体？与前人一样，西塞罗求诸混合政体，即共和政体。混合政体使君主制、贵族制、民主制的因素相混合，把权力在其对应的代表执政官、元老院、人民大会之间分配，既照顾了少数人（贵族）又兼顾了多数人（平民）的利益。同时这三种力量相互制约与钳制，任何一种力量都不能无限制地膨胀，从而有效地防止政体衰变，确保国家的稳定。而且他们又相互合作，保障国家的正常运行。这就是混合制衡或制约平衡的机制，这显然是西方式"中庸之道"在政治理论上的运用，是近代三权分立的雏形。但是制约平衡的权力是在等级间划分，而三权分立的权力是在部门之间划分，所以有学者认为从古代制约平衡到近代三权分立的转变是"将混合政体理论中使统治权在以阶级（等级）为基础的机构间分配转变为在以职能为基础的机构间进行分配"。其实，混合政体中权力的分配并不如西塞罗所说的那样平等，因为，我们看到，元老院实际上处于权力核心，它的地位和权力事实上超过人民，所以说，"混合政体实际上（而且它也旨在于）成为一种由于加入了君主制和民主制的体制而得到了加强和保护的贵族制"。由于不公正，混合政体的稳定性也大打折扣。但是波里比奥斯从未断言这种混合制衡的机制可以一劳永逸地根除政体循环的痼疾，而只认为它可以延缓衰变。西塞罗却宣称："在这种体制中确实不存在任何引起变更的始因，在这里，每种因素都稳定地处于自己的位置，无从崩溃和毁灭。"西塞罗真的认为这种政体无从崩溃和毁灭，还是只为了证明共和政体是最优越的政体，我们无从得知。但毫无疑问，波里比奥斯曾在《历史》中以无比赞叹的语气称颂过的共和政体在西塞罗时代已无可挽回地衰落了，帝制是不可遏制的趋势。当西塞罗说"我断言，没有一个国家就其组织、结构、行为和教育方面而言，能与我们父辈继承祖先而传给我们的那种国家体制相媲美"时，罗马共和国早已幻化成一个完美、神圣、永恒的形象成为他内心坚定的政治信仰和毕生的政治追求，同时也注定了他为共和国殉难的悲壮命运。

关于国家与个人关系。西塞罗把国家看作高于个人的联合体。在《论共和国》开篇，他历数罗马历史上著名人物的功绩来表达这样的思想：国家高于个人，个人应投身国家公共事业，并为国家利益奋斗终生。这充分表明他的爱国主义情操。但同时他的整体主义国家观也蒙上了个人主义的色彩，这主要体现在他对国家的定义上。前文已述，西塞罗把国家定义为人民的事业，它是由人民基于共同利益的需要通过订立协议建立起来的。既然国家由人民建立，那么"人民就历史地逻辑地先于国家并成为国家行为的监视者"。国家是人民的事业，就意味着：国家的权威来自人民的集体力量，权力属于人民乃是应有之意。虽然此处个人以人民集体的面目出现，但仍可以说，个人的地位得到凸显，不再只是国家的附属。另外一个表现就是公民私有财产权。西塞罗认为公民私有财产权是神圣不可侵犯的权利。诚然，古代任何国家的个人都享有私有财产权，西塞罗所说的私有财产权是从外在的条件和限制中解放出来的财产权，很少受外界条件的限制和制约，即使国家也不能对其限制或者剥夺。因此，在西塞罗那里，个人不仅以义务主体的面目出现，而且更以权利主体立足于世。基于以上分析，我们可以说，西塞罗的国家观是一种注入了个人主义色彩的整体国家观。

国家管理方式有法治和人治两种。西方法治思想源远流长，人治思想也很丰富，这两种思想都可上溯至古希腊城邦时期。柏拉图力主人治，晚年转向法治实是"哲学王"无法实现的无奈之举。亚里士多德坚决主张法治，认为人不免感情用事，而法律毫无偏私，是"最优良的统治者"。西塞罗仰慕柏拉图，但与柏拉图不同，主张法治。西塞罗晚年在《论共和国》里设计了一个"元首"来领导国家，流露出人治的倾向。他设计了一个元首的形象。元首监护着有关全体公民的制度的运行，他是最高统治者，以其渊博的知识和良好的素养而超越于众人之上，具备将公共利益置于个人利益之上的能力；他还是诚实廉洁的典范，始终以其威严的仪表和忠心耿耿维护着共和国摇摇欲坠的宪政制度。

西塞罗的政治理想是贵族共和制，但他同时强调处于国家领导者地位的执政官的作用。他在谈到自己的执政官任职时说道："我是这样履行执政官任职的，不做任何未得到元老院建议的事情，不做任何未得到罗马人民赞同的事情；在广场演讲台维护库里亚，在元老院里维护人民；使民众与显要相一致，使骑士阶层与元老院相一致。"他在谈到国家体制的轮回循环时谈道："如果认识这种轮回是贤哲的事，那么当处于管理国家的地位，掌握着国家的方向，置国家于自己的权力之下时能够预见面临的威胁则是某个伟大公民和甚至可以说是由神赋予灵感的人物的事情。"上述这段话似乎是在暗指喀提林阴谋。

斯基皮奥之梦是作品的结尾，这是一个西塞罗关于国家理论且具有神秘主义色彩的、柏拉图式的结尾："在那群星闪烁的天空中，有一个天堂，在那儿，安息着伟大的国家奠基者和统治者，伟大的政治家、非凡的领袖人物，想必那儿也有一块留给斯基皮奥·埃弥利阿努斯的宝地。"为什么不可能？没准也有一块属于西塞罗的安魂之所。

西塞罗政治理论的总的出发点是斯多葛派哲学的自然论，他的政治理论的现实基础是罗马共和国历史，他的政治理论的追求目标是通过从政治哲学角度颂扬罗马古代传统，恢复古罗马理想的共和体制。西塞罗的理想未能实现，但他却通过《论共和国》和《论法律》这两部著作为后代留下了宝贵的思想遗产，人们主要通过这两部著作了解希腊晚期的政治哲学思想，通过它们了解罗马共和国末期的政治思想理论。

二、《论法律》:"恶法非法"

《论法律》是《论共和国》的续篇。《论法律》也用对话体写成,并且以西塞罗生活的时代为背景,西塞罗本人就是主讲人。这部著作传世抄稿为三卷。在传世的三卷中,第一卷谈自然法,第二卷谈宗教法(见后宗教思想),第三卷谈官职,其中第一卷写作最为完整,加工最为精细,传世抄稿也最为完整,残损的地方不多,第二、第三卷的写作显然比较粗糙。许多情况表明,西塞罗可能未能最后完成这部著作。

自然法思想

西塞罗的法学理论的基本出发点也是斯多葛派的自然法观念。自然法理论是斯多葛学派的核心理论。西塞罗认为,论述法的问题必须从法的本质(natura iuris)开始,然后再论述法律(lex)本身,这样就为他阐述自然法观念提供了理论前提。从自然法观念出发,西塞罗的基本观点是:法律乃自然中固有的最高理性,乃自然之力量,它允许做应该做的事情,禁止不应该的行为。并且"这种理性,当在人类理智中稳定而充分发展的时候,就是法律"。由此可以看出,西塞罗的自然法就是理性法,自然就是理性。那么,理性又来自何方呢?罗马其他法学认为动物也具有理性,但不同的是,西塞罗认为:人是上帝赋予的活的生命当中唯一具有理性和思维的生命,人是具有充分理性的动物,理性是人和上帝共同具有的第一份财富。在西塞罗看来,人们通常理解的法律,即成文法,是这种最高理性的具体体现。这种最高理性是最高法律,适用于所有的时代，它产生于成文法之前，产生于国家形成之前。西塞罗认为以理性为中心内容的自然法具有如下特点：

第一，自然法是普遍存在的，是至高无上的法则，是永恒不变的，它适用于所有的时代，产生于任何成文法之前，或者更确切地说，产生于任何国家形成之前。因此他说法律是根据最古老的、对事物的始源自然表述的对正义的和非正义的区分，人类法律受自然指导，惩罚邪恶者，保障和维护高尚者。从这段话中我们不难看出，西塞罗将法分为自然法和实体法。他的"自然"指的就是自然法，人类法律就是实体法。自然法是最古老的，是人类法的起源；人类法是自然法的表达，它必须接受自然法的指导。它们的特点都是区分正义与非正义，惩罚邪恶者，保障和维护高尚者。

第二，自然法是理性法。西塞罗认为：理性是神赋予人类区别于其他动物的根本属性；神也具有理性，因此在这一点上人和神是相通的，理性是人与神联系的纽带，理性就是自然法，神、理性、自然法是等同的。他说道："在如此众多种类的生物及其各种不同的物种中，只有人具有理性，能思维，而其他一切生物则缺乏这种能力……当理性发展成熟和完善，便被恰当地称之为智慧。就这样，因为没有什么比理性更优越，而理性既存在于人，也存在于神，因为人和神的第一种共有物便是理性。"显然，西塞罗这里是继承了斯多葛学派理性的自然法观点。值得指出的是，西塞罗不仅是法学理论家，而且是罗马政坛上的风云人物，他的法学理论是建立在实践基础之上的，同时也为其政治服务。因此，他的理论更注重现实性。为了说明理性或自然法的永恒性，西塞罗在《论法律》中举了一个很有说服力的例子：在卢·塔克文任国王时的罗马没有任何关于惩治奸淫的成文法，但塞·塔克文对特里基皮努斯的女儿卢克提娅施暴并不因此而不违背那永恒的法律。

第三，自然法是正确的法，也就是亚里士多德所说的"良法"。由于西塞罗把理性看作神赋予人的、人神共有的根本属性，神是万能的、至高无上的、无所不在的，那么，理性是正确的就不难推断出，因此，自然法也就是正确的法。他说道："既然理性存在于人和神中间，那么在人和神中间存在的应是一种正确的共同理性。""要知道，凡被自然赋予理性者，自然赋予他们的必然是正确的理性，因此，也便赋予了他们法律，因为法律是允行禁止的正确理性"。

第四，自然法是判断善与恶、好的法律与坏的法律的标准。西塞罗认为，并非所有的法律都是好的、善的。判断一个法律的好与坏，或者说判断一个法律是否是真正的法律，并非看其是否是以元老院的决议抑或是以人民大会的决议形式通过的法律。他说道："当那些违背自己的诺言和声明，给人民制定有害的、不公正的法规的人立法时，他们什么都可以制定，只不过不是法律。"人民通过的许多危险的、有害的决定"并不比强盗们根据自己的意愿作出的决定更配称为法律"。这就好比"一些一窍不通、毫无经验的人打着有益于健康的名义开出的可以置人于非命的药方，人们完全应该不把这些药方视为医生的处方"。同理，"如果人民通过了有害的决议，不管这些决议是什么样的，它们也不应被称为法律"。"法律（lex）这一术语本身可以清楚地看出，它包含有公正、正确地进行选择（legere）的意思"。

可见，西塞罗重法律的实质而不重形式。这和亚里士多德的观点不同，亚里士多德把"形式"也纳入了判断"良法"的标准之一。他说："符合于正宗政体所制定的法律就一定合乎正义，而符合于变态的政体所制定的法律就不合乎正义。"西塞罗只把实质作为判断"良法"的唯一标准，这与当时罗马社会的政治环境有关。西塞罗所生活的年代正是罗马共和国的内乱时期，格拉古兄弟改革失败以后，罗马内部派系纷争激烈，罗马的法律不断地遭到破坏。平民阶级围绕着土地问题不断地和贵族展开斗争，保民官频频抛出新的土地法案。同时，通过平民的不断斗争，平民在法律上的地位有了很大提高，特别是平民大会的决议可以直接成为法律。此外，恺撒、庞培这些军事巨头们为了扩大自己的势力，提出了给老兵分配土地的法案。在这个时期，原来的法律不断地遭到践踏，新的法律不断地获得通过，罗马出现了独裁的倾向，罗马共和国岌岌可危。出身骑士贵族的西塞罗站在保守元老院贵族的立场上，反对平民的土地革命，反对独裁，试图挽救濒临崩溃的罗马共和国。因此，他提出这种观点实际上是对新通过的土地法案的质疑和否定。那么，什么是真正的法律呢？在西塞罗看来，"真正的法律乃是正确的规则，它与自然相吻合"。"区别好的和不好的法律只能凭自然标准。我们遵循自然，不仅区分合法与非法，而且区分高尚和丑恶……认为一切基于看法，而非自然，是愚蠢人的想法。"由此可见，西塞罗将自然法或理性看成是判断法律好与坏的唯一标准。

第五，自然法独特的惩罚方式。法律的基本功能是约束人们的行为，使之符合规范，说得简单些就是"惩恶扬善"。在这一点上西塞罗和其他法学家的观点相同，他也认为法律"允许做应该做的事情，禁止相反的行为"，"要求人们正确地行动，禁止人们违法"，"犯了罪理当受到法律的制裁和惩罚，一方面可以强迫做错了事的人修正他的行为，另一方面警示他人不要仿效行恶之人"。但是，怎样才能有效地预防、阻止犯罪呢？西塞罗认为：实体法的惩罚是部分的肉体惩处，自然法则不同，它不是用判决，"而是报复女神追袭和跟踪犯罪的人，并且不是像悲剧里描写的那样举着火把，是犯罪之人意识到罪孽后内心遭受的谴责和折磨"。因此在惩罚犯罪方面，自然法比实体法更优越，威慑力更大，效果更好。"如果需要用惩处，而不是凭自然阻止人们犯罪，那么又有怎样的担忧能使对惩处已不感到恐惧的邪恶之徒不安呢？他们中间没有哪个人如此无畏，以至于或者不想否认自己犯下的罪行，或不为自己的行为编造借口，利用这种或那种自然法为自己的罪行辩护。……如果只有惩处，只有对惩罚的恐惧，而不是罪行本身的卑鄙性使人们放弃非法的、罪恶的生活，那便谁也不是违法者，更确切地说，罪恶之徒应该被称之为不审慎的人。"

和实体法相比，自然法不仅威慑力大，而且威慑力无处不在，无时不在。实体法的作用是有限的，自然法的作用是无限的。因此，西塞罗说道："当一人害怕的只是证人和法官时，他在昏暗之中会如何行动呢？当他在某处空旷地方遇到一个柔弱的孤行旅人，并且可以从那人那里夺得许多黄金时，他又会如何行动呢？"在西塞罗看来，实体法施行的是惩处方式，只能从外部进行威慑，不能从根本上阻止犯罪。而自然法从内部对人们的行为进行约束，让罪犯意识到罪孽深重而遭受内心的折磨，从而达到从根本上杜绝犯罪的目的。他的这套自然法的惩罚理论可能就是中世纪基督教法律对人们实施精神控制的重要源泉之一。

西塞罗的自然法理论主要继承了斯多葛学派的哲学思想，同时也吸收了古希腊哲学家柏拉图、亚里士多德等哲学家的学说的基础上形成的。它是西塞罗法律体系的基础，也是理解其他法律理论的关键。

关于官职的思想

西塞罗的官职思想是他法治思想的有机组成部分，是建立在分权理论基础之上的。在人类政治社会发展史上，罗马共和国或许是最早进行真正意义上尝试宪政的国家。在长达五个世纪的共和宪政实践中，罗马人民以其独有的智慧创造出了前所未有的政治文明，西塞罗正是以罗马共和国的宪政架构为摹本，在新的历史语境中着力从贵族阶层与平民阶层的关系这样一个崭新的视角出发，把分权学说推向了另一个新的高度。在西塞罗所描绘的共和国宪政蓝图中，国家权力被均衡地分配于元老院、执政官和平民大会三个机关，并以保民官和监察官制度加以平衡，从而最大限度地实现了平民和贵族的各种权力要求的兼容并蓄，保证了国家政治稳定，维护了法律的权威。

元老院是西塞罗所极力倡导的贵族共和制的象征，也是罗马共和国的最高权力之所在。元老院最初是作为君主的咨询机构存在的，因此其成员主要由贵族官僚组成，平民是被彻底排除在外的。进入共和国后，作为平民争取权力的斗争的结果，平民开始被有选择地允许进入元老院，之后随着元老院中民主制因素的逐步增加，元老院的门槛开始对平民和贵族完全开放，并且基本做到了一视同仁。据此，西塞罗认为，元老院制度的确立来自一种妥协——最高权力给予人民而实际权力属于元老院。元老院的职权范围相当广泛，涉及立法、行政长官的选择和任命、军事、财政和外交等各个领域。西塞罗针对元老院的权力制衡主要体现在两方面：针对元老院的提案权和立法权，赋予保民官以否决其提案和立法或阻止其得以实施的权力，另外保民官还有权主持元老院并有权裁判为平民所必要的任何事务；元老院应当由品德高尚的人组成，元老院议员们应接受监察官在道德方面的监督和规范，不允许任何有不诚实行为的人留在元老院。元老院制度的设立一度使得罗马共和国保持平衡与和谐成为可能，然而时至共和国后期，在风起云涌的政治运动的冲击之下，元老院原有的政治地位则似乎有些岌岌可危。针对现实政治生活中元老院所遭遇到的种种问题，作为贵族共和制的积极倡导者的西塞罗开始大力宣扬统治阶级内部的等级和睦观念，力图促使元老院与骑士阶层联合，共同应付平民派的崛起给元老院带来的威胁。有学者这样评价罗马共和国的元老院制："罗马元老院的存在及其一系列政策的实施，对缓和阶级矛盾，保障社会安定，维护国家统一以及领土的急速扩张，都起到了决定性意义，元老院作为代表当时主流社会阶层利益的集体决策机关也逐渐成为罗马共和国的象征和堡垒。"

平民大会出现于罗马共和国时期，也是作为平民与贵族之间权力斗争的产物而出现的，平民大会从出现到逐步趋于完善的历史进程，是一部充满了民主、权利、斗争和自我保护意识的历史。第一次撤离运动之后，大约在公元前494年，平民大会首先取得了选举保民官的权力，并以宣誓的形式确保了保民官的神圣不可侵犯性。平民大会创立之初，由于其参加者仅限于平民，因此其作出的决议也仅对平民有效。后来，随着斗争的深入开展，平民阶层逐渐成为罗马政坛一股不容小觑的力量，平民大会的决议也就有了普遍适用的倾向，并在公元前287年以后成为罗马共和国的主要立法机关。除立法权之外，平民大会还有权否决元老院提出的议案和通过的法令，有权选举执政官并决定其任期，而且当常规之外的官吏管理活动成为必需时，则由平民大会选举官员来完成相应的管理活动。此外，平民大会还拥有最终刑事审判权。西塞罗心目中完美的共和宪政蓝图主要体现为元老院和平民大会两大支柱权力机构以及它们所各自代表的贵族派和平民派之间的和谐统一。"针对当时罗马社会分为以公民大会为据点的所谓民主派和以元老院为堡垒的贵族派之间的矛盾与斗争，西塞罗主张应保持公民大会和元老院原有的权限和地位，反对打破这两大权力机构之间的平衡，结成温和和协调的政府，维持贵族共和制传统结构形式。"然而，在现实生活当中，西塞罗的政治实践与其理论主张却似乎存在相互矛盾之处，在他一方面主张贵族派与平民派之间的和谐相处之时，另一方面却又强烈反对平民派的权力和利益要求，竭力维护元老贵族在经济和政治方面的优势地位，这些都反映了西塞罗的阶级局限性。

执政官是罗马共和国行政权力体系中的核心。作为混合制政体中具有君主制特点的部分，执政官握有极大的国家行政权力。对于执政官发出的正义的指令，所有公民都应毫无条件地予以服从，并尽责地、毫无怨言地去完成。针对执政官这种类似于君主的"治权"，为了防止其过度膨胀，西塞罗也预设了一系列的制度框架对其进行制衡和约束：其一，实行双位同僚制，即一个国家设有两名执政官。两名执政官有同等的权力，彼此协商共同行使国家治权。其二，实行短期任期制，西塞罗认为，执政官应当满足法定的最小任职年龄，每届任期一年，并且除了间隔十年以上外，不得再次担任执政官。其三，民众大会申诉制。对于执政官作出的裁判，公民有权向民众大会申诉，并且未经民众大会的公开审判，不得对公民处以罚金、监禁或鞭挞等。西塞罗谆谆告诫执政官："一个行政长官特别要记住的是，他代表国家，他的责任是维护国家的荣誉与尊严，执行法律，使所有的公民都享受到法律所赋予他们的权利，不忘记所有这一切都是国家托付给他的神圣职责。"

　　元老院、平民大会和执政官是西塞罗权力制衡体系中的三个有机组成部分，三者之间的权力互动保证了国家机器的平稳和有效运行。三大权力要素之间的制衡关系主要体现在：执政官作为国家行政权力的核心，其政令必须经过平民大会的表决和元老院的审议才能上升为法律；平民大会作为国家的立法机关，所制定出来的法律须经过元老院的批准才能生效；而元老院虽然在名义上是执政官的咨询机构，实际上却是国家大权的掌控者，但其既无立法权也无行政权和司法权，其政治意图须经由执政官才能得以实现。揭开三大权力机关之间权力制衡的面纱，其背后隐藏着的是对平民和贵族两大社会利益集团的利益诉求予以整合的真实面目。对两大社会利益集团之间的利益整合，在一定程度上实现了贵族与平民两个原本对立的社会阶层的融合，并在一定时期内保证了罗马共和国的繁荣与稳定。

　　综观罗马共和国的宪政建设及政治构架，我们可以发现其中处处洋溢着对各种权力要求和社会关系的平衡精神，而保民官的设立则是对这一精神的进一步彰显。保民官制是罗马人民的一个重大政治发明，它的设立在罗马共和国宪政建设的历史进程上具有划时代的意义。保民官最初是作为一个与执政官相对立的概念而出现的。西塞罗认为，当执政官的权力得不到有效的制衡而高高凌驾于其他权力之上时，共和国所废除的就仅仅是国王的称号，而保留了君主制的实质。保民官的诸多权力，如否决权、提案权，以及召集和主持民众大会的权力等，归根结底是在罗马共和国的宪政进程中通过将以执政官为代表的贵族阶层的法外"治权"的职责制度化而演化来的。在保民官的一系列权力当中，其核心当属否决权，利用这一权力，保民官可以否决包括执政官在内的任何官员的命令，甚至是元老院通过的法案，而且当法律本身不公正时，他可以阻止法律的实施。作为平民阶层为争取政治权力斗争的产物，保民官的产生和发展反映了人们民主意识的增强以及强烈的自我保护意识，同时它还彻底改变了罗马政坛原有的政治力量格局，使得平民也成为罗马政治生活中一股不容忽视的力量。针对保民官的特点，有学者作出这样的评价："古罗马共和国时期的保民官，以其独特的否决权，维护了广大平民的利益，缓和了平民与贵族的矛盾，维护了国家的稳定，极大地推进了罗马共和国的民主进程，为罗马共和国成功地抗击外敌侵略及对外扩张，成为横跨欧亚非三洲的大帝国准备了条件。"

在西塞罗所设计的这种分权制衡的模式中，"政体的立足点和出发点是元老院，以元老院这个贵族阶层的力量去制约平民的放纵和执政官的个人权力。西塞罗作为古罗马共和国早期的元老院成员，提出以元老院为重心的权力制衡方案，应该不难理解，他希望贵族阶层应成为抗衡独裁势力的主要力量"。西塞罗权力制衡理论的产生是有其深刻的社会政治背景的。西塞罗所处的时代属罗马共和制末期，随着公民队伍的日益分化，民众大会逐渐式微，而元老贵族独揽大权，强势军阀官僚则凭借武力争相建立军事独裁。西塞罗在罗马传统政治制度的背景上，总结自己几经沉浮的政治斗争经验，设计出了自己理想中的权力制衡体系。西塞罗的分权制衡思想虽然来自波里比奥斯，但是我们也应当看到"西塞罗的分权制衡不再仅仅是依靠各权力机构的相互制衡，更主要的是建立一种法治型的制约机制。依靠法律的力量，用法律的形式明确各权力机构、各政治力量的职权和动作规则，正是这一点被资产阶级启蒙学者视为珍贵的思想财富，成为近代分权学说和法治政府的直接思想来源"。

第 5 章

伦理学：至善与至恶、老年、责任、友谊

一、《论至善与至恶》：人生的终极目标

《论至善与至恶》是西塞罗最精致也是最系统的哲学著作，是他最有影响力的作品之一，影响了几个时代。它的主要内容是阐述并批判西塞罗时代最著名的三种伦理学体系。

《论至善与至恶》全书共分五卷，由三个相对独立的对话构成，分别讨论了当时流行的最有影响的三种伦理体系：伊壁鸠鲁学派、斯多葛学派和安提俄库斯领导下的学园派。对话中各种体系的阐释者都是已经过世了的西塞罗年轻时的朋友，而西塞罗本人在对话中一直扮演着批判的角色。在全书的序言中，西塞罗特别地指出伦理学的重要性，并点明了全书要讨论的主题。他说道："任何仔细读过我的哲学著作的人都会说，没有一部著作会比这部论著更值得阅读。因为，所有哲学讨论的主题中有哪一个比人生问题更重要呢？尤其是这几卷书提出的这个问题：什么是为良好的生活和正确的行为提供了准则的目的或终极的目标？被本性（Nature）当作至善而最想要追求

的东西是什么？被本性当作至恶而最想要避免的东西又是什么？"可见，在西塞罗的视野中，伦理学要研究的不仅仅是道德规范，而且是人生的终极目标。

在序言之后，对话中的人物托尔夸图阐述了伊壁鸠鲁学派的伦理学，西塞罗则对这种伦理学提出了一系列的批评。他首先指出，伊壁鸠鲁的自然哲学并不是新颖的学说，而是对德谟克利特学说作了某些修正后的产物。其次，他认为逻辑学在伊壁鸠鲁那里被完全抛弃，感觉成为真理的标准，调和自然本身就是准则，亦即以快乐与痛苦的感觉为准则。这种学说实际上是居勒派的阿里斯提波的观点。西塞罗说道："这种学说对人的尊严来说是最没有价值的。我看来，自然已经创造和赋予我们更高目的。"

西塞罗在第二卷中与托尔夸图展开辩论。他指出伊壁鸠鲁学派的伦理学有一系列逻辑上的问题。首先，研究伦理学需要苏格拉底的方法，即给讨论的主题下一个明确的定义，以便求得一致意见。而伊壁鸠鲁学派忽略定义，没有给快乐下过准确的定义，由此带来语义上的混乱。其次，受过良好训练的哲学家把欲望分为自然的和想象的两种，然后再划分为必然的和偶然的。伊壁鸠鲁把欲望划分为自然且必然、自然的但非必然的、既不自然又非必然的三种，这种划分混淆了种与属，不合逻辑，容易误导人们。第三，伊壁鸠鲁将快乐说成是无痛苦，然而无痛苦是一种中间状态，与快乐还是有区别的。"快乐"在希腊文中是 hedone，在拉丁文中是 voluptas。人们在用这个拉丁词翻译希腊文"快乐"时有两层意思：一是指心灵的愉快，二是指肉体的快感。伊壁鸠鲁学派没有区分这两种不同的快乐，还认为快乐就是主要的善，善是"自然想要的、有益的、令人高兴的、人们喜欢的"，目的则是"以一切正确行为作为工具，而其本身不是任何东西的工具"这样一种东西。可见，伊壁鸠鲁学派把"善"和"目的"在"快乐"这个术语之中混淆了。如果无痛苦就是主要的善，我们还有什么必要去寻求快乐？反之，如果追求快乐是人之本能，无痛苦就不是主要的善。实际上，本能追求的不是快乐，而是自保。按此思路，至善就绝不是快乐，而是本能所追求的东西。

西塞罗还认为，决定目的的是理性而不是感觉，所有把美德当作目的和把价值当作外在之善的理论都应当抛弃。道德价值是内在的，无须其他东西对它加以证明。"关于道德价值，我们理解为这样一种本性，这种本性尽管没有任何功用、利益、报酬，但却能在其自身中并因为其自身而得到肯定。""我自己的看法是，如果我能成功地证明道德价值本身是一种本质的存在，它本身就是人们想要的东西，那么你们的整个体系马上就会崩溃。"至此，西塞罗综合前人思想提出了一种理性主义的道德观：理性植根于人的本性之中，道德本身就是目的，各种美德都以理性为基础。他说："善者做了许多事，但并不因此从中获利，而只是出于适当、道德和公义的推动。人与低级动物之间有许多区别，其中最大的区别是自然把理性赐予了人，理性是一种积极主动的理智，能以最快的速度同时做几件事，能敏锐地觉察事物的原因和结果，能进行类比，能把分离的事物结合起来，能够联系将来和现在，能够对生命的整个过程进行考察。是理性在激励个人为了他的种族而奋斗，是理性创造了语言和习惯的天然一致，是理性在推动个人，从友谊和亲情关系开始扩张他的利益，先与他的同胞，再与全人类构成社会关系。"智慧、正义、勇敢、节制都是由理性产生出来的，由此构成道德价值的系列。因此，道德不是约定俗成的，个人利益也不能解释这些美德。伊壁鸠鲁学派把美德当作快乐的侍女，实际上快乐只是美德的外表，对美德并无用处。

该书第三卷由加图阐述斯多葛派的伦理学。加图阐述的主要观点有：第一，快乐不是主要的善，美德才是主要的善。生命本能地寻求自保，而不是寻求快乐，它寻求的东西可以称作"有价值的"和"被接受的"，而不是"无价值的"和"被抛弃的"。美德是善，这个原则可以用这样一个三段论来证明："所谓善就是值得赞扬的东西，而值得赞扬的东西在道德上是荣耀的，因此道德上荣耀的东西是善。"第二，与其他学说相比，斯多葛派不是把至善与美德完全割裂开，也不把快乐当作至善，而是在心灵和美德中找到至善。善就是按其本性而完满的东西。道德是一种意愿，而不是结果。第三，关于中性事物的学说。除了善与恶以外，其他一切事物都不会影响幸福，但这些事物按照是否与自然一致的标准在价值上有差异，因而可以分为"想要的""不想要""中性的"这三类。据此，善可以分三类：第一类是构成性的；第二类是创造性的；第三类是既具有构成性，又具有创造性的。道德行为是构成性的；朋友是创造性的；智慧既是构成性的，又是创造性的。依据这些定义和分类，加图对自杀、社会责任、亲情、世界主义、人权、友谊等问题一一作了阐述。

该书第四卷的内容是西塞罗站在学园派的立场上对斯多葛学派进行批判。西塞罗认为，斯多葛学派的创始人芝诺从老学园派中汲取了许多内容，但是他的哲学还是有很多错误和不完善之处。他把哲学分成物理学、逻辑学、伦理学三个部分。在逻辑学中和物理学中问题多多。接下来，西塞罗批判了斯多葛学派的伦理学，他说："自然赋予我们的最初的推动是自保。在这一点上我们是一致的，由此我们必须研究什么是人，以便使我们保持本真的性情。我们是人，由灵魂和身体组成，是一个种类。我们必须尊重这一点，这也是我们最初的本能需要我们做的，我们的目的、我们的主善和终极之善的建立必须由此出发。如果我们的这个前提是正确的，我们的目的一定会由与自然最为一致的、最重要的东西构成。这就是斯多葛学派所说的目的的意思；我得用许多话来叙述他们对至善的看法，但他们经常用这样一个简短的公式来表达：'按照自然（本性）去生活。'"然而，斯多葛派从这个前提出发，进而得出"生活的道德就是主要的善"，合乎道德就是"与自然和谐的生活"这样一些结论。但是这样的推论消除了肉体的作用，"即使我们不是在寻求人的主善，而是某些只有心灵没有肉体的生物（让我们假定有这样的生物，以便发现真理）的主善，这些心灵也不会接受你们的这种目的"。有了精神性的善，肉体的或外在的善就不会因此而消失，因为它们仍旧是人的本性所需要的东西，无论地位如何低下也不能加以排除。按照自然去生活应当有助于幸福，是为了使人的方方面面都得以完善，而不是把较低的方面都消除掉，所以各种把美德当作唯一的善的理论都是错误的。由于斯多葛学派关于主善的证明建立在一个错误的前提之上，因此它在逻辑上是无效的。总之，斯多葛学派的伦理学只是给古老的伦理学说穿上新衣，想把不能匹配的观点融合在一起。

该书第五卷由皮索发言。他首先认为由安提俄库斯推进了的学园派的观点与老学园派和逍遥学派的观点是一致的，然后围绕主善或至善问题对这些学派的观点作了阐述。西塞罗针对庇索的发言提出以下质疑：第一，假如安提俄库斯的伦理观点与新学园派的原则相一致，假如外在的善是目的的组成部分，那么美德对于幸福来说是否足够了？第二，如果不幸就是恶，那么美德能保证幸福吗？第三，幸福怎么会有程度上的差别呢？第四，否认痛苦是一种恶就会与"聪明人（贤人）总是幸福的"观点不一致。皮索对这些责问作了一些回答，仍然坚持原来的立场。

上述内容表明，在西塞罗所处的时代，希腊伦理学的发展经过希腊化时期已经形成多种精致而又复杂的理论体系。伦理学，广义地讲，首先包括对人生价值或生活理想的描述，即什么是"最终只为自己而再也不为其他的"目的本身；其次是以这种对人生价值的认识为依据提供适应人生行为的道德准则。从毕达哥拉斯到柏拉图，再到亚里士多德，这个最高的人生价值一直被定位在纯粹思辨的生活上，其理论基础是深信在现象界之上有一个永恒不变而且更为明白可知的本体世界，而在道德准则方面则是一整套与希腊城邦制度相适应的道德系谱。这种由亚里士多德集其大成的伦理理性主义到了希腊化时期为三个新出现的哲学流派所否定。怀疑主义学派在理论上揭示了伦理学领域中的逻辑矛盾，并证明了它们是无法取消的，从而否定了伦理学研究的任何企图。而在实际生活中，他们向人们保证能为幸福生活提供支柱。他们开出的良方是：放弃一切认识，对一切持怀疑态度，便能达到心灵的无比恬静即真正幸福。但是，否定一切知识与信念必然会使行动丧失基本前提，从而寸步难行。以追求幸福生活为最高使命的人到头来却使生活根本不可能，这是一个巨大的悖论。伊壁鸠鲁学派在希腊伦理学幸福论的理论框架中运作。他们仍然保留了希腊古典传统美德，但具体解释已经走样，感觉在认知和信念中的作用被突显出来，快乐成为幸福的同义词。他们开出的幸福良方是，摆脱对神与死亡的恐惧，排除心灵的苦难，淡泊名利，做一个自由的人。用传统的理性主义伦理学的理论框架去检视，对伊壁鸠鲁伦理学的每一个命题都能找到反论，而在实际生活中，保持着罗马传统的贵族们是不可能去追求伊壁鸠鲁式的幸福的。斯多葛学派在希腊化时期的影响一直呈扩大趋势。它在伦理学上同样在理性主义幸福论的理论框架下运作，但向前跨过柏拉图和亚里士多德，采用了赫拉克利特的自然哲学作为本体论依据。他们把道德品性当作善（有价值），而将其他具有价值的东西当作道德上既不善又不恶的东西。这样一来，斯多葛学派的伦理学产生了特有的悖论：一方面认为人应当行德，另一方面又认为道德运作的对象是无价值的。在实际生活中，斯多葛学派一方面要求人们尽义务，另一方面又认为按道德行事的结果是无所谓的，人们真正应当关注的是个人的心灵。

要对这些流行的伦理学体系作出批判需要有理论勇气和缜密的思考。西塞罗曾经说过："那些以教书为业的权威对那些想要学习的人来说确实经常成为一种肯定性的障碍；他们停止运用他们自己的判断，而用他们所选择的大师们的格言当做问题的解决。"这就是当时大部分人的做法。而西塞罗本着怀疑主义的精神对三种流行的伦理学说——伊壁鸠鲁学派、斯多葛学派和安提俄库斯的学园派——进行了清理。他对各种伦理思想都持怀疑态度，而不是对某一种思想全盘肯定或否定，他让各种观点都接受逻辑、理性和实际的检验，揭示了这些希腊化时期最流行的伦理思想体系的内在逻辑矛盾和外在实际困境。这样的批判性工作为他自己的公民伦理思想清理了希腊伦理的地基。

西塞罗写作《论至善与至恶》的时间晚于他的《论国家》和《论法律》。这就容易给读者们留下这样一种印象，即西塞罗只完成了对现有伦理体系的批判工作，但并没有提出他自己的伦理学思想。一般来说，思想家最后的著作或许是他全部思想的总结，但也有另一种情况，这就是由于每本书的具体任务不同，最后的著作不一定能够涵盖以往著作的思想。具体到西塞罗，我们看到，西塞罗的政治、法律著作实际上已经包含着一种"公民伦理"在内，在《论国家》和《论法律》中，他已经在努力实现由希腊伦理思想向拉丁伦理思想的转化，而通过《论至善与至恶》的写作，他基本上完成了对希腊伦理学遗产的清理。他结合罗马公民的生活与道德准则对希腊思想进行改造，在此过程中提出了一些重要的公民伦理思想。

西塞罗认为，每一个行为端庄的公民，特别是那些出身于名门望族的成员，要能全面地、透彻地了解国家事务，直接参与国家事务的管理。西塞罗认为，一切人都会有正确的理性。每个人都是一个尊严的存在，具有基本的道德价值，应当受到他的同胞的尊重。人优于其他动物，能够过一种群居的文明生活，因而具有一种人性（humanitas），因此，每个人都是一个有道德、正义、法律的生物。"不管对人作怎样的界定，它必定也对所有的人适用。这一点充分证明，人类不存在任何差异。如果存在差异，那么单独一个定义便不可能界定所有的人。实际上，那独一无二的、使我们超越于其他动物的理性，那使我们能进行推测、论证、批驳、阐述、综合、作结论的智慧，毫无疑问是大家都共有的。他因受教育程度不同而有差别，但学习的能力都是一样的。"这就是西塞罗的德性平等的观念。

西塞罗把握了希腊思想中的正义观，在德性平等的基础上将之扩大到社会正义、公民正义的广大范围之中。他说："大部分哲学家，特别是柏拉图和亚里士多德，对正义作过许多论述。他们为正义辩护，对这一德性进行高度赞扬，因为它把自己的所有献给每一个人，使所有的人之间保持平等。"他指出正义实际上可以分为自然的正义和社会的正义。自然的正义就是自然法。人会有神的普遍理性，因此也就会有自然法，亦即正确的理性，同理，他们也就会有正义。自保的本能是一种自然的正义。源于自然的正义是绝对的，对一切生物都一样，无所谓对错。然而，"我们正在研究的法是公民性的，而不是自然性的。如果是自然性的，那么正义和非正义便会像热的或冷的东西那样，像苦的或甜的东西那样，对所有的人都一样"。人与动植物不一样，人有理性和语言，是道德动物，受到道德的约束和自然法的禁止。与道德原则相关的自然的正义必须指导一切理性动物的行为，这就是这部分自然法的本质。因此，人为了保全社会，还必须注意到共同利益。

厘清了自然的正义这个概念后，西塞罗把社会正义规定为："宽恕所有的人，关心人们，给予每个人所应得，不侵吞祭神之物、国家财产或他人之物。"社会正义对保全社会来说是绝对必要的。正义是人的一种倾向，没有正义，社会就不能存在。正义是社会的基础，正义对一切人类关系都是重要的。正义包含着平等地对待他人，"如果友谊中出现哪怕一点微小的差异，友谊也就会消失。这句话的意思是：如果彼此之间有人为自己想得更多，那么友谊便会不复存在"。但西塞罗并不主张取消个人利益，而是主张我们应当不断地"在谋求整个政治实体的利益的同时谋求个人利益。因为，与个人目的相适应的利益终结了，他对共同的善，即全人类的合作关系的贡献也就毁灭了"。

综上所述，西塞罗抓住了希腊伦理学的核心问题，紧紧围绕至善问题批判了晚期希腊三大主要伦理体系，将伊壁鸠鲁学派和斯多葛学派的伦理学的内在逻辑矛盾和外在实际困境展示在了人们面前。西塞罗虽然深受斯多葛学派的影响，但他对斯多葛学派伦理学并没有全盘接受，而是从理论和实际两方面对之进行了批判。这种批判性的扬弃使他不但能够兼收并蓄，为发展适合罗马共和国的伦理思想改铸出一整套拉丁伦理学术语，并且以他那个时代和他的国家的共同道德意识为裁决的标准，重整了适应主流文化发展的道德准则。他把政治责任与公民义务当作首要的美德，高度赞扬了那些听从道德力量的感召，使祖国摆脱严重危机的杰出人物，提出了公民伦理的基本内核。在这个意义上，他完成了向亚里士多德理性主义伦理学的回归。

二、《论老年》：“生命的每一阶段都各有特色”

《论老年》是西塞罗著名三论（《论老年》《论友谊》《论义务》）中的一个部分，《论老年》又称《老加图》，这是西塞罗为他的朋友阿提库斯所写的一篇关于老年的论著。《论老年》是一篇对话体论著。西塞罗在自己62岁的时候假借年事已高的马尔库斯·加图之口来论述老年，目的是使他的论著更有分量。这篇对话的时间被移到公元前150年，地点是加图的家里，参加者还有小西庇阿和莱利乌斯。

西塞罗在这部著作中有许多真知灼见。首先，他认为，“恰当”与“自然”是老年人健康心理非常重要的一种心态。西塞罗特别强调“恰当”这种品质，他认为“恰当”就是一种中庸之道，就是与“自然”的规律保持和谐，他指出“当然，本身不知道如何过一种愉快而幸福的生活的人，无论什么年纪都会觉得活得很累。但是，那些从内部寻求一切愉悦的人绝不会认为那些因自然规律而不可避免的事物是邪恶的。在这类事物中首当其冲的是老年：人人都希望活到老年，然而到了老年又都抱怨"。很多人就是时常堕入这种逆自然的矛盾心态与思维当中，当他们年幼的时候，他们的心态热切地盼望着自己早日成为年轻人；当他们年轻的时候，他们希望自己今后的寿命长一些，活得老一些；当他们真正步入老年人的时候，他们又抱怨自己的无助与无奈。西塞罗的观点是耐人寻味的，他认为："我的智慧其实就在于这样一个事实：我追随'自然'这个最好的向导，对她敬若神明，遵从她的命令。既然她已经把人生戏剧的其余部分写得有声有色，在写最后一幕时她是绝不会像某些懒懒散散的诗人那样随随便便、漫不经心的。但是不管怎么说，'最后一幕'是不可避免的，正像树上的果子和田里的庄稼最终都要坠落和枯萎一样。聪明的人是不会为此而抱怨的。"很明显，这一思想与他的自然法观念是一脉相承的。

其次，他指出老年人安度晚年应该是一个积极老化的过程。西塞罗批评了认为老年人等同于无用的观点，他认为老年人应该积极参与工作，而且要发挥老年人自己特有的深思熟虑和谨慎的品质。他举例说，柏拉图临死前还在写作，享年81岁；伊索克拉底写作《雅典娜女神节祝辞》这本书的时候已经94岁了，他的老师里昂提尼的戈尔加斯活到107岁却从未停止过学习和工作。因此，他强调愚蠢的人总是把自己的脆弱和过错归咎于老年，而他自己觉得老年应该是一匹勇毅常胜的赛马，只是不想再参加比赛了，想休息了。为了证明老年人是可以继续工作和学习的，可以积极老化的，他还诙谐地论述了人的记忆力问题。"事实上我也从来没有听说过哪位老人忘了自己藏钱的地方。凡是与他们切身利益有关的事情，他们是不会忘记的，例如，保释后出庭的日期，业务性约会，他们欠谁的钱，谁欠他们的钱。律师、大祭司、占卜师和哲学家老了之后怎么样？他们的记忆力还好得很呢！老年人只要经常动脑筋想问题，就能保持良好的记忆力。"

　　再次，他提出老年人可以通过调整自己的生活习惯和心态达到延缓衰老进程。老化是每一个人一生中的必经阶段，但是不同的人却各有自己的老化进程。有人虽然看似年轻，可是身心疲惫；有人虽是进入花甲，却是精神焕发，勇猛异常。西塞罗认为孱弱可不是老年人所特有的，身体不健康者同样也会孱弱的。他对莱利乌斯和西庇阿的教诲是，我们应当抵御老年的侵袭，尽量使它晚一点到来。他特别强调"正如我们应当同疾病作斗争一样，我们也必须同老年作斗争，我们应当注意自己的身体，进行适当的锻炼，每天所摄取的食物要正好能补充体力消耗所需要的营养，不暴饮暴食。我们不但应当保重身体，而且更应当注意理智和心灵方面的健康。因为它们宛如灯火：若不继续添油，便会油干灯灭。此外，锻炼往往会使身体变得粗壮，但是理智方面的锻炼却能使头脑变得更加精细"。

　　又次，他建议老年人应该加强修身养性达到健康老化。也许有很多的老年人会因为自己生理上的衰老影响到性生活退化乃至于整个感官减弱而常常懊恼不已。的确，生理上的衰退是一种正常的现象，只可以延缓这个过程，而不可以逃避这个过程。西塞罗认为老年人应该正视这样的感受，调整这样的感受。他用很长的篇幅阐述了这个问题，指出感官上的快乐是自然赋予人类最致命的祸根，人们很多放荡不羁的欲念如谋反、革命和通敌都跟追求感官上的快乐有关。他甚至动情地说："我们就应该感谢老年，因为它使我们失去了一切不良的嗜好。淫乐阻碍思维，是理性的敌人，因此可以说，它蒙蔽心灵。"对于老年人的床笫之事，他借用索福克勒斯的话说："决无此事！摆脱了那种事情，有如摆脱了一个粗鲁而又疯狂的主人一样，我简直高兴极了。"对于老年人的饮食之事，西塞罗的观点更是十分精辟。他觉得老年人尽管被剥夺了饮食上的快乐，如失去了饱餐、美食、开怀畅饮的乐趣。但是，老年人也同时没有了酒醉头痛、胃胀失调、彻夜难眠的痛苦。因此，西塞罗颇有心得地说："可以说，一个人在经历了情欲、野心、竞争、仇恨以及一切激情的折腾之后，沉入筹思，享受超然的生活，这是何等幸福啊！实际上，如果有一些研究能力或哲学功底的话，世界上再没有比闲逸的老年更快乐的了。"这样的心态，是一种积极享受老年的心态，也是一种超脱的心态。

西塞罗指出老年人应该有自己喜爱的活动特别是田园之乐来充实老化过程。他认为老年人应该发挥自己的特点来参与社会活动，不能把自己封闭起来。他举例说自己非常喜欢交谈，而且乐此不疲。"对于我来说，因为喜欢交谈，所以甚至早在下午就已经开始享受宴会的乐趣了。我不但喜欢与我同代人（现在还活着的人已经没有几个了）交往，而且也喜欢与你们以及像你们这种年纪的人交往。"不过，最让西塞罗向往的还是田园生活。他认为田园生活的好处很多，不仅是因为田园生活有益于整个人类，它可以创造出各种各样的食品，而且是田园生活对人的健康与心态调整非常有用处，尤其是老年人。他特别强调："老年人享受这种田园之乐不但没有障碍，而且还特别适宜。因为田园生活最有利于老年人的身心健康，天冷时可以到户外晒太阳，或坐在炉子旁烤火，天热时可以在树荫下或小河边纳凉——除了乡村之外，你还能找到更惬意的地方吗？"至于西塞罗本人，他特别钟情于葡萄种植，认为葡萄的起源、种植和生产其乐无穷。西塞罗十分欣赏葡萄种子的自然生长力，喜欢葡萄生长时的蔓藤四处盘绕，喜欢葡萄由酸涩转甜的过程，喜欢所有葡萄种植的一切。他赞叹说，农夫的生活是最幸福的，而老年人则可以享受这种幸运。

最后，他强调坦然面对死亡是老年人积极老化最关键的心态。对于每一个老年人来说，让他们最焦虑与苦恼的事情莫过于要面对死亡。谁都知道，人的一生都会有终极的一天，但当任何一个人知道自己将不久于人世的时候多少会有悲凉的感受。西塞罗认为人必须从青年开始就接受死亡观的教育，才能置生死于度外，如果没有这方面的知识，到老年的时候就不可能有宁静的心境。坦然面对死亡对于老年人实现积极老化是非常关键的，最聪明的人总是能从容地去死，最愚蠢的人总是最舍不得去死。西塞罗甚至说："即使有某个神灵允许我返老还童，让我再次躺在摇篮里哇哇啼哭，我也是会断然拒绝的，因为我几乎已经跑完全程，确实不愿意再被叫回来从头跑起。"西塞罗还觉得老年不但不是难以忍受的，而且甚至是很愉快的。他举例说，一个演员为了赢得观众的称赞，用不着把戏从头演到尾；他只要在他出场的那一幕中使观众满意就行了。一个聪明的人也不需要老是留在人生的舞台上一直等到最后的喝彩。老年时期的收获就是对早年生活中幸福往事的大量回忆。因此，老年人对于自己短暂的余生既不应该过分贪恋，也不应该无故放弃。

西塞罗的《论老年》文笔优美，意境悠远，一向被视为教导人安度晚年的伦理学名著。但是，透过表面现象不难发现，文中的宁静和幸福是假象。他创作这篇论著的真正原因是希望在年老之时还能够为已经不存在的共和国效力，而他也以实际行动实践了自己的理想。

如果从西塞罗的整个时代和个人生活加以分析，不难得出与书中所述理想幸福状态完全相反的结论。在政治上，西塞罗一生为之奋斗的共和理想已经破灭，共和国已经不复存在。与他同时代的众多共和派政治家，如霍滕修斯、庞培、加图都已经过世，他在政治领域中已经没有志同道合的同志。而独裁者恺撒大权独揽，为所欲为，他这个政治斗争失败者的心境可谓沉痛无比。西塞罗引以为傲的演说术成就也不断受到后起之秀的挑战。他最赞赏的马尔库斯·布鲁图就是最突出的一个典型。西塞罗的家庭生活此时也非常失败。只有多年的老友阿提库斯还能给西塞罗帮助和安慰，另外就剩下忠心耿耿的释免奴隶提洛陪伴在他左右。一个老人过着这样痛苦孤寂的暮年生活，他怎么可能感到幸福？所以，西塞罗的老年远非其文本中描述的那样幸福和安乐。他早在公元前55年创作《论演说家》之时就感慨道：常常每当我思考和回忆往昔时，我总觉得那些在共和国最光辉的时期荣誉、勋业卓著，既能在为国家服务时不受危险地又能在个人闲逸时享受尊荣地度过一生的人是无比幸福的。西塞罗写这段话的时候，罗马还正处于前三头同盟与元老院激烈争夺权力的紧张时刻，共和国至少在名义上存在着。而十年之后的公元前45年，所有生而自由的罗马公民都成了恺撒的奴隶。无情的现实政治让西塞罗在老年之时脾气更加不好，对所有的事情都感到恼火不已。而随后刺杀恺撒的共和派集团把西塞罗完全排除在外，更证明他在当时被视为老而无用之辈。恺撒遇刺后的一段时期内，活跃在政坛上的都是少壮派人物：共和派的马尔库斯·布鲁图和盖乌斯·卡西乌斯等人，恺撒派的马尔库斯·安托尼乌斯、马尔库斯·列庇都斯，还有更为年轻的恺撒继子屋大维等人。所以西塞罗在恺撒遇刺后不久就叹息说，国家和朋友们不再需要他的服务，他也无法在刀光剑影中体面地生活。

西塞罗被迫退出政坛，他内心深处渴望能够领导国家事务。这是他声称只有老年人"有思想，有理性，能做到深谋远虑"，"没有老年人，国家就不可能存在"的真实意图所在。因此，一生以维护共和为己任的西塞罗在讨论老年问题的时候，政治因素仍旧像梦魇一般纠缠着他。西塞罗与从不参与政治的阿提库斯讨论国家与老年人的关系，实际上是在自言自语。所谓不平则鸣，西塞罗自己的论述充分显示了他老年的雄心：过一种与世无争、舒心安逸的生活不是更好吗？但是不知怎么搞的，我的灵魂不甘寂寞，它的眼睛总是盯着后世，好像确信它只有离开躯体之后才能开始过一种真正的生活。但要是灵魂不是不朽的，那么一切最优秀人物的灵魂就不会作出最大的努力去追求一种不朽的名声。于是，西塞罗在公元前44年9月再次积极投身政治，尽最大的努力与意欲独揽大权的恺撒部将马可·安东尼斗争。西塞罗先后发表十四篇《反腓力词》抨击马可·安东尼，一度迫使马可·安东尼逃到阿尔卑斯山以北。不幸的是，恺撒派将领再度联合起来，组成"后三头同盟"进攻元老院，西塞罗在公元前43年年末遇害。

西塞罗的《论老年》并非一篇赞美老年的美文，更不是歌颂田园生活的牧歌。《论老年》其实是一个政治老人对共和盛世理想状态的追思，是献给已经不复存在的共和制度的挽歌，更是激励自己战斗不息的抗争宣言。西塞罗的斗争勇气和精神坚定在他生命的最后一年中达到了巅峰，以实际行动完成了自己追求不朽名声的理想。

三、《论友谊》："爱朋友胜过爱自己"

《论友谊》文笔流畅优美，堪称拉丁文写作之典范。在书中，西塞罗采用对话体的形式，假借莱伊利乌斯之口将有关友谊的问题阐述得淋漓尽致，深刻而隽永。

西塞罗认为友谊以美德为基础，是品格、兴趣、意向、目的和谐一致并为两个人或少数几个人共享的情感。他提倡为友谊而友谊的崇高而纯洁的友谊观。但西塞罗又是一个务实的罗马人，并不排除朋友之间地位、才智、财富上的差别，而主张通过平等、尊重和互相帮助和谐共处；西塞罗强调友谊的崇高又力图使友谊符合实际，并联系罗马国家的实际情况论述友谊，带有浓厚的政治色彩。另外，其友谊观还渗透了斯多葛派的哲学思想。

　　西塞罗崇尚以美德为基础的德性友谊。在谈论友谊之前，西塞罗首先定了一个原则，即友谊只能存在于好人之间。"好人"并不是指那些拥有凡人所不能及的智慧的人，而是日常生活中所能见到的一些人，"他们的行为和生活无疑是高尚、清白、公正和慷慨的；他们不贪婪、不淫荡、不粗暴；他们有勇气去做自己认为正确的事情"。这样的人无疑是有美德之人。西塞罗实际上继承了柏拉图关于友谊不可能存在于坏人之间的思想。柏拉图在《吕希斯篇》中指出好人爱好人，好人喜欢与好人交朋友，而坏人则被区分出来（因为坏人甚至与自己都不同，变化多端，不是同类），坏人绝不会与好人或坏人拥有真正的友谊。他们都认识到了美德在友谊中的重要性。

　　西塞罗认为好人与好人之间必然有一种友好的情感，这种情感是天性所规定的友谊之源泉。他说"没有什么比美德更可爱更能博得人们的好感了"，"当美德显露头角，放出自己的光芒，并且看到另一个人身上也放出同样的光芒时，它们就交相辉映，互相吸引"。西塞罗称之为友谊。美德既创造友谊又保持友谊，兴趣的一致、坚贞、忠诚皆取决于它，处理友谊中的任何问题都要以美德为衡量标准。西塞罗郑重向我们提出忠告："你们必须接受这样一种观点：美德是第一位的（没有美德就不可能有友谊）；但除了美德之外（而且仅次于美德），一切事物中最伟大的是友谊。"可以看出西塞罗热情歌颂的友谊是以美德为基础的，美德贯穿西塞罗友谊的始终，是友谊的孕育与保护者，没有美德也就没有友谊。

他认为友谊是彼此品格、兴趣、意向和目的完全和谐一致的两个人或少数几个人共享的情感。西塞罗把友谊定义为：对有关人和神的一切问题的看法完全一致，并且相互之间有一种亲善和挚爱。这里强调的是朋友之间要有共同的世界观、价值观和人生观以及互相友爱的情感。西塞罗指出在友谊中必须要注意的真正限制是：两个朋友的品格必须是纯洁无瑕的，彼此的兴趣、意向和目的必须完全和谐一致，没有任何例外。坏人与好人或坏人与坏人之间之所以不可能存在友谊就是因为他们性格、旨趣大相径庭。在他看来，朋友之间的这种完全和谐一致乃是友谊的真正秘诀。但西塞罗并不排除朋友之间地位、才智、财富上的差别，而主张通过平等、尊重和互相帮助和谐共处。西塞罗认为处于优越地位的人与其他相对处于劣势地位的人相处时不要摆架子，应当降低自己的身份，尊重朋友并且要帮助朋友。"如果我们中有谁在个人品质、才智或财产上有任何胜于他人的地方，那么我们应当乐于让我们的朋友、合伙人和同伴分享其惠。"此外处于相对劣势地位的人也不应当因为自己的才智、财富或地位不如别人而生气，也不要怨天尤人，从而不愿与他人结交或因此而破坏朋友之间的感情。

西塞罗提倡为友谊而友谊的崇高而纯洁的友谊观。西塞罗高度评价了友谊的作用，认为友谊是除智慧以外不朽的神灵赋予人类的最好的东西。对于这些好人来说，友谊将会有不胜枚举的好处，它既能给成功增光添彩，也能通过分忧解愁减轻失败的痛苦，它还能使我们对未来充满希望，能给我们力量和信心。西塞罗看到了友谊的巨大力量和崇高意义，他说一个人真正的朋友就是这个人的另一个自我，"他的朋友与他同在，如果他的朋友很富，他也不会穷；虽然他很弱，但他朋友的力量就是他的力量，他死后仍然可以在朋友的生活中享受人生之乐"。然而友谊带来的这些好处并不是我们追求友谊的目的。

在西塞罗看来，希求友谊并不是因为脆弱或贫乏，事实上它有着高尚的动机。他说，友谊就其本性来说是容不得半点虚假的，就其本身而言它是真诚的、自发的。友谊起源于对有相同兴趣爱好，对有美德之人的一种爱慕和喜欢，这种自发的情感和本性冲动使他们互相接近，其目的是"他们可以在同一个层次上平等地互敬互爱，并且乐意为对方效劳而不求回报"。这样朋友之间就会坦诚相待，也自然会因此而得到友谊带来的好处，但这些好处是友谊的副产品，而不是友谊的动机、目的。因为"如果友谊是靠物质上的好处维系的话，那么物质上的好处的任何变化都会使友谊解体。而本性是不可能改变的，因此真正的友谊是永恒的"。友谊所能给予我们的自始至终包含在友谊本身之中。

但是西塞罗并没有生硬地或脱离实际地将利益或需要从友谊中驱除出去。他主张朋友之间应该经常需要帮助，因为如果朋友对自己毫无需要，我们又如何表达我们的爱心呢？当朋友身处劣势、逆境之时，我们又怎能不伸出我们的援助之手，以便使朋友因为我们的帮助而摆脱困境，提高地位呢？"我们生活在利益社会中，追求利益有利于人的发展和社会进步。因此完全摆脱利益和需要去追求崇高友谊并不现实。"西塞罗试图将友谊的崇高和实际生活结合起来，在今天看来应该说是合理的。

西塞罗的友谊观带有浓厚的政治色彩。西塞罗认为要终生不渝地保持友谊是世上最难的事情。朋友之间会发生许多事情，比如利益的冲突、政见的不同、人的性格变化，这些都威胁着友谊。西塞罗列举了许多例子，那些人盲目相信友谊，甚至为了所谓的朋友出卖国家。西塞罗告诉我们在友谊中应该有自己的立场和原则，不能完全放任自己的感情去满足朋友不合理甚至邪恶的要求，不能为了友谊而犯罪尤其是背叛国家。因为"友谊是出于对一个人美德的信赖，如果他抛弃了美德，那么友谊也就很难存在了"。所以西塞罗制定了一条友谊应遵循的原则：勿要求朋友做坏事，若朋友要你做坏事，你也不要去做。

西塞罗的这些见解来源于他生活经验的总结，也是出于对国家现状和前途的担忧。在西塞罗生活的时代，罗马共和国已经出现了危机，社会风气恶化，内战频繁，形势非常严峻。作为罗马"国父"的西塞罗时刻警惕着形势的变化，防止扰乱国家的一切事件发生，"不但关心国家的现状而且也同样关心身后的国事"。西塞罗认为那些邪恶者的行为之所以屡禁不止，就是因为有众多的追随者帮助。西塞罗提醒善良的人们："如果不幸和这种人交上了朋友，那就应该不顾情面，和这种背叛国家的朋友一刀两断。"因此"这种邪恶者的联盟不但不能以友谊为托词替自己辩解，而且相反，它应当受到最严厉的惩罚，这样就能使大家都知道：切不可为了忠实于朋友而甚至向自己的国家开战"。可以看出西塞罗的思想带有浓厚的政治色彩，但他将自己的理论与罗马国家的实际情况结合起来不仅论证了友谊所应遵循的这条准则，而且也使论证更感人、更有说服力。西塞罗因此还进一步深化了这条准则，为友谊制定了一条规律：我们只要求朋友做好事，而且也只为朋友做好事。为朋友做好事时要永远热心主动地去做，不要迟疑。

西塞罗的友谊观渗透了斯多葛派的哲学思想。斯多葛派的伦理格言就是顺从自然而生活。"自然"指世界的本性或最高理性，按照自然而生活也即按理性而生活。他们主张"主要的善就是去按照自然而生活，这就是按照德性而生活，因为自然引领着我们到这上面……按照美德而生活等于是按照一个人对那些自然而发生的事物的经验而生活"。西塞罗就是按照斯多葛派的这些理念来阐发他的友谊观。西塞罗认为友谊是人人都需要的东西，最合乎人的天性的东西。他说"人的本性的确是厌恶孤独，总是喜欢寻求扶持，而我们在最亲密的朋友那里能得到最顺遂的扶持"。寻求和珍视友谊也是顺应自然而生活，所以西塞罗劝人们把友谊当作人生的头等大事，认为友谊仅次于美德。西塞罗认为没有什么东西，比爱的回报和互爱互助更令人愉快的了，那些能用钱买到的东西，比如马匹、奴隶、华丽的饰物和昂贵的器皿等都是身外之物，变幻无常；而友谊却能伴随自己终生，我们对自己的友谊拥有稳固不变、不可剥夺的所有权。西塞罗论述道："我的天哪，谁会选择一种虽然极其富有却不准他爱任何人也不为任何人所爱的生活呢？那是一种暴君才能忍受的生活。"西塞罗把加图、保卢斯、加卢斯、西庇阿和菲勒斯等人视为好人，是因为"他们尽人之所能顺从自然，而自然则是善良人生的最好向导"。

斯多葛派还倡导以心灵的不变来应付外界的多变，以此来获得心灵的宁静和幸福。他们在忍受外界的艰辛和苦难上有着超常的耐力和意志。西塞罗也同样吸收了这一观点，他在论述莱利乌斯如何忍受失去挚友西庇阿时说："我能找到一种自我安慰的方法，这主要在于我能摆脱使一般人在丧失朋友时产生痛苦的那种错误看法。"按照斯多葛学派的看法，人死也是顺应自然的事情，死去的人并不受罪。因自己失去挚友遭受的苦难而悲痛万分就表明你不是爱你的朋友，而是爱你自己。西塞罗说，挚友虽然去世了，但他实际上还活着，而且永远活着。因为"我爱的是他的美德，而他的美德是不会死的。不但在我看来他的美德永远存在（因为我毕生都能体验到他），而且他的美德还会放出绚丽的光彩，照及子孙后代"。

四、《论义务》：以德为本的责任观

《论义务》的写作时间大约在公元前 44 年。《论义务》是西塞罗写给他远在雅典逍遥学派哲学家克拉提波斯门下求学的儿子马尔库斯的信。西塞罗是一位父亲，由于受到罗马政治危机引起的不断加剧的不安全因素的影响而隐居了起来。他以一位父亲留给仍要生活下去的 21 岁的年轻人一个生活榜样的方式写下了这部书，抒发他的政治理想。

古希腊罗马哲学自从把研究对象由客体转向研究者主体以后，社会伦理问题便成为哲学家们注意的中心，其中之一便是义务问题。正如西塞罗在《论义务》一开始时就指出的，人们生活和活动的各个方面，无论是公共的还是私人的，无论是法庭事务还是私人事务，无论是对自己提出什么要求还是与他人订立什么协议，都不可能不涉及义务。义务的普遍性和现实性决定了它在哲学研究中的位置。古代希腊曾经存在过许多哲学派别，有柏拉图派、逍遥派、斯多葛派、伊壁鸠鲁派等。他们都曾经谈论过义务问题。在西塞罗看来，关键在于如何正确理解义务的实质。西塞罗对伊壁鸠鲁派的快乐论持强烈的批评态度，批评这一学派在谈论善的问题时把善与道德分开，以自己的利益（安乐，commoda），而不是以道德标准（honestas）来衡量至善。在西塞罗看来，这些人不可能真正理解义务的道德内涵，更不可能履行应尽的义务。西塞罗的义务观的基本出发点是，善即道德的高尚，生活的全部道德意义在于对义务的履行。西塞罗由此认为，只有认为道德高尚是唯一值得追求的，或者认为道德高尚是最值得追求的人才能正确理解义务实质。这也表明了西塞罗的基本哲学倾向。

西塞罗在这里强调了他的哲学论述的一贯特点，即折中主义。西塞罗非常熟悉古希腊哲学。按照西塞罗自己的说明，《论义务》第一、第二卷的材料主要源自斯多葛派哲学家帕奈提奥斯的同名著作，第三卷主要源自帕奈提奥斯的门生、斯多葛派哲学家波西多尼奥斯的著作。不过从《论义务》第三卷的内容看，西塞罗在利用波西多尼奥斯的材料的同时，特别还以罗马历史事件为例，作了许多阐释和发挥。

西塞罗的义务观念的出发点是至善，亦即道德的高尚。这一拉丁术语由西塞罗译自古希腊文的 to kalon（道德美）。对于道德来说，美即高尚。罗马的道德高尚概念是同理想的公民（vir bonus）的概念紧密联系的。理想的公民的品格包括家庭方面的和社会方面的。古代罗马素有一种公民应该积极从事社会活动的传统，并把它视为理想的公民必备的特点。罗马社会对公民的这种活动的承认和赞同构成一种公民荣誉（honor）。由此西塞罗从罗马现实的伦理观念出发，用罗马的道德高尚概念 honestum 来转译希腊哲学体系中的道德美。

术语"义务"的希腊原文是 kathekon，意为"应该完成的"，"应该做到的"，即应尽的义务。斯多葛派的伦理学核心是顺其自然地生活，即每个人都应顺从自己个人的特性和宇宙本性的生活，使得个人生活与宇宙精神相一致。这是最富德性的生活。kathekon 概念的流行标志着早期斯多葛派严格的道德观念的软化。早期斯多葛派（至公元前 2 世纪中期）认为，只有道德美及与其相对应的行为才是善，只有道德丑及与其相对应的行为才是恶。各种德性是互相联系的，具有共同的原则。拥有其中的一种德性即等于拥有全部。同样，恶和丑也是同等，正如一个真实的东西并不比另一个真实的东西更真实一样，一个恶或丑的东西也并不比另一个恶或丑的东西更恶更丑。因此，善恶、美丑是一种无程度差别的品质，无居间之物，人们只能或者具有它们，或者不具有，因而只能或者是有德性之人，或者是卑劣之人。伦理概念 kathekon 的运用标志着在美好和卑劣之间出现了"应尽的"行为或义务，或称中等的、普通的行为或义务，亦即在富有德性的智慧之人与丑恶的卑劣之人之间出现了一种富有进取精神的人（prokonon）。这一概念在中期斯多葛派（或称罗马时期）得到进一步发展，可能在中期斯多葛派的代表帕奈提奥斯的《论义务》中就是这样。西塞罗对义务问题的阐述可以说明这一点。义务概念的变化还表现在义务内涵由抽象向具体的变化。西塞罗把拉丁文术语 officium 与 kathekon 相对应。他在致好友阿提库斯的信中说："无疑，kathekon 即 officium，除非你提出什么其他的译法。"拉丁术语 officium 是一个实践性的概念，西塞罗正是本着这种理解去采用它的。西塞罗虽然从斯多葛派的自然论出发，时时处处强调事物和人的天性，也不时地泛论人类社会问题，但他在《论义务》中，并不是把 officium 作为一种普遍的人类义务进行抽象性的论述，而是主要谈论当代人——罗马公民应有的良好的日常生活行为，应尽的日常生活义务。西塞罗在致阿提库斯的信中解释 officium 的含义时举例说，例如，"执政官义务""元老院义务""独裁官义务"等。由此可见，正如西塞罗对 to kalon—honestum 的理解一样，对 officium 的理解更令他感兴趣的仍然是一个好的罗马公民应尽的社会义务、国家义务。

在西塞罗看来，存在可以形成道德高尚的四个源泉，或四种德性、四个方面，这就是，对真理的探索和认识（perspicientia veri sollertiague）；对人类社会的维护——公正和善行（hominum societas tuenda—iustitia et beneficentia）；心灵的伟大和坚强（magnitudo et robus animi）；行为的合适（decorum—ordo et modum）。由上述这四种德性（virtus）产生相应的实践义务，亦即通过追求而达至善的义务。对这四个源泉的论述见《论义务》第一卷，这是全书的主要部分。

西塞罗认为，认识真理乃人之天性。但他同时强调，认识真理要注意两方面：其一是要坚持知之为知之、不知为不知的原则。其二是要注意从事具有实践意义的研究，并且要求付诸行动。西塞罗认为，可以形成高尚德性的第二个源泉涉及最广泛（latissime）。他在论述这一德性时始终强调这一德性及由其而产生的各种义务的社会性。他援引柏拉图的话为证：我们出生不只是为了自己，祖国对我们的出生有所期求，朋友们对我们的出生也有所期求。又援引斯多葛派的话说，人类是为了人类而出生，由此人们应该互相帮助，为公共利益服务。并且认为，源自这一德性的义务甚至比源自认识真理的义务更符合自然，更符合人的本性。西塞罗提出了保持公正的两个重要方面，其一是任何人都不要在自己未受到不公正对待的情况下伤害他人，作不公正行为的主要原因在于贪婪；其次是为了公共利益使用公共所有，为了个人利益使用个人所有。西塞罗在这里主张维护罗马历史发展过程中形成的个人所有制和特有的公共所有制，同时要求每个人都能努力地为公共利益服务。西塞罗强调，公正的基础是诚信，但同时强调有时义务会随着情势的变化而发生变化。他认为，报复和处罚不可超过限度。至于战争，要严格遵守战争法，对被战胜者要仁慈。这里需要指出的是，西塞罗的战争义务观在某些方面反映了罗马的世界历史使命的战争观念。此外，西塞罗还强调，甚至对付最下层的人即奴隶也要保持公正。提出要"像使用雇工那样使用奴隶，即让他们劳动，同时提供应提供的东西"。西塞罗非常详细地谈到善行和慷慨问题，这类社会义务在罗马时代具有特别重要的意义。

西塞罗强调，受人善行后的首要义务是回报，"因为没有什么义务比对人表示感激更重要"。并且认为，回报时要模仿肥沃土地，"土地提供的要远远多于它所接受的"。西塞罗强调人的社会性，并由此对人类社会的发展进行了描述。人们之间的社会联系是一种自然属性，人类社会的纽带是理性（ratio）和语言（oratio），这是人和动物之间的根本区别。

西塞罗认为，在人们之间的相互联系中，没有什么比习性相似的高尚的人们之间以亲密的友谊建立起来的联系更美好、更牢固；在人们的所有社会关系中，没有哪一种比我们每个人同国家的关系更重要、更亲切。他说："父母亲切，儿女亲切，亲人亲切，朋友亲切，然而一个祖国便囊括了所有这些亲切感。"由此，如果需要对义务进行等级划分，那么首要的便是对祖国的义务。任何缺乏公正，不是为了公共幸福，而是为了个人私利而作的行为都是不值得称赞的。

西塞罗在谈到可以形成道德高尚的第三个方面——崇高的心灵时，着重谈到处于国家领导地位的人应具有的义务感。西塞罗认为，领导国家的人在行为方面遵循柏拉图的两点教导：第一，他们不论做什么事情，都要使之符合公民的利益，忘记个人的利益；第二，他们应该维护国家整体，而不要为维护某个部分，忽略其他的部分。西塞罗赞赏温和和仁慈，强调谴责和惩罚是为了维护国家利益，要不带侮辱，不可过分，不可动怒，因为"引导法律进行惩罚的不是愤怒，而是公正"。

关于可以形成道德高尚的第四个源泉——合适，西塞罗认为，它存在于所有的德性之中。合适的精髓在于与自然相符合。要做到合适，便要正确地处理性和欲望的关系，这就是理性应处于主导地位，欲望应处于服从地位。西塞罗把整个《论义务》的第一卷用来论述由四种源泉产生的各种相应的义务，他的结论是，从义务类型看，最重要的义务应是能维护人们之间的结合和联系的义务，亦即人应尽的社会义务；从义务类别看，第一类义务是对永生的天神的义务，第二类义务应是对国家的义务，第三类义务是对父母的义务，然后是逐步对其他人应尽的义务。从以上的介绍不难看出西塞罗的义务观的斯多葛派倾向。

西塞罗在《论义务》第二卷中主要是对第一卷中提出的各项准则及与其相应的义务的实践运用作了进一步的阐述，涉及人们的生活方式以及人们拥有的权势、财产和其他一切东西。由此产生利的（utile）问题。从这一角度出发，西塞罗在这一卷里进一步谈到德性的感人力量、权力的维持、荣誉的博得、公正的重要性。西塞罗在这里谈到法律产生的原因：当人们得不到公正时，于是便发明了法律，"让它永远用同一个声音和所有的人说话"。他并由此推论说："那些通常被推举出来掌权的人是那些被人们认为具有高度的公正性的人。"西塞罗在这一卷里还进一步谈到如何正确表示善心和慷慨，告诫说："在履行一切公务和职责时首要的是要避免甚至微小的贪婪之嫌。"

西塞罗在《论义务》第三卷中讨论高尚和有利的关系问题。在西塞罗看来，认为高尚的和有利的会发生冲突是一种谬见。他认为，一切高尚的同时也是有利的，一切不高尚的不可能是有利的。西塞罗列举了许多具体实例来证明自己的看法，特别是其中许多是罗马实例。这说明，西塞罗在撰写这一卷书时，特别结合罗马实际，进行了认真的思考，以弥补在他看来希腊哲学家们论述的不足。

　　总的来说，《论义务》全书论述的实际上是做一个诚实、高尚的罗马公民应有的行为准则。论述基本是以斯多葛派哲学阐述的标准为依据。这些行为准则是一些普通准则，适用于所有希望自己能养成美德的人。因此，虽然形式上西塞罗写这部书是为了教诲儿子，但实际上是针对所有的罗马人，特别是那些希望自己能在政坛发迹的青年。此外，西塞罗在阐述伦理准则时，时常借题发挥，针对罗马现实进行政治议论，其中特别是对恺撒专制进行了严厉的抨击，充分表明了西塞罗维护贵族共和制的政治倾向。

第 6 章

教育学：演说术之奥秘

一、演说术的三部曲：演说家与演说的艺术

西塞罗是罗马演说术发展到最高峰的代表人物，也是堪与希腊优秀演说家比肩的罗马演说家。西塞罗以演说家的教育为载体，比较系统地论述了他的教育思想、理论和方法，为罗马教育的制度化和合理性作出了重要的贡献。他的演说术的三部曲是古代著名的教育理论著作，在西方教育史上占有重要地位。他的教育思想对当时和后世的罗马和欧洲都产生了重要影响，也对罗马文化的传承和政治的发展产生了深远的影响。

西塞罗所生活的时代，拉丁文化已经摆脱了单纯模仿和追随希腊文化，开始形成自己的发展模式并在某些方面赶超希腊文化。此时罗马修辞学校已经有了较大的发展。西塞罗除了在罗马受到较好的教育之外，还师从希腊的演说家学习修辞学和演说术。他的学问是以修辞学和演说术为主，但他的视野比一般的演说家要开阔得多。他以超人的天赋和深厚的希腊罗马文化底蕴为拉丁文化的发展作出了卓越的贡献。在演说术方

面，此时的西塞罗以他的雄辩才能、他对演说术的研究以及对演说术教育的贡献，成为代表罗马演说术发展最高成就的标志性人物，也是罗马可以与希腊人比肩的一位文化巨匠。西塞罗留下了十部有关修辞学与演说术的著作。其中最著名的是关于演说术的三部曲，即公元前55年撰写的《论演说家》、公元前46年撰写的《布鲁图》和《演说家》。

《论演说家》是现有完整保存下来的最古老的罗马演说术理论著作。它探讨的问题是关于演说家教育的问题，实际上包含了丰富的哲学、美学教育和法学思想。《论演说家》是西塞罗以对话形式写作的第一部作品。西塞罗将对话发生的时间设置在公元前91年9月，当时罗马的政局面临危机。西塞罗在第三卷的引言中介绍，这次谈话后不久，意大利同盟战争爆发，参加这次谈话的人也相继死去，这暗示出西塞罗写作对话时罗马共和国所处的危机。西塞罗提到，当时的保民官德鲁苏斯难以在政治上发挥作用，对政治局面无能为力，这个细节对于谈话时间的说明看似无关紧要，但它却暗指西塞罗本人写作《论演说家》时的境遇——西塞罗流放归来不久，欲救共和国于危难却无力左右政局。对话发生的时间背景与西塞罗所处的政治形势如此相似，西塞罗本人肯定想不到。更为巧合的是，主要对话人物马尔库斯·安东尼乌斯的死竟然成为他本人命运的谶语——演说家、政治家马尔库斯·安东尼乌斯在政治冲突中被杀，头颅摆上了昔日的演讲台。几乎同样，西塞罗最终被列入"后三巨头"的公敌名单后遭到追杀，头和手也悬挂在昔日慷慨陈词的罗马广场演讲台，他以自己的生命为罗马共和国的理想作出了残酷的献祭。

参加谈话的人都是当时的政治精英，主要对话者克拉苏斯和马尔库斯·安东尼乌斯担任过执政官和监察官，并且都是当时著名的演说家，西塞罗曾求学于他们的门下。还有一位对话者是年老的占卜官斯凯沃拉，他的年龄（74 岁）和威望足以增加这场谈话的分量，但因为年龄和体力，斯凯沃拉中途退出谈话。另外两个从头至尾参加谈话的是青年人科塔和苏尔皮基乌斯，他们演说才能出众，是当时罗马同龄人中的精英，并且都在追求自己的政治前程。在人物的设置上，西塞罗的《论演说家》和柏拉图的《理想国》极为相似，同样是年长者与青年之间的谈话，同样是老年人中途退场。不同的是，《理想国》中是哲人苏格拉底对雅典杰出青年的教育和引导，而《论演说家》中，担任教育和引导之职的是演说家兼政治家。这篇对话历时三天，第一天议论时事和国家状况，他们预见到了国家后来发生的灾难，书中并未提及谈话的详细内容。关于演说家的讨论从第二天开始，气氛比第一天轻松得多，几个人坐在梧桐树下的草地上，梧桐树让斯凯沃拉想起了要模仿柏拉图《斐德若》中的苏格拉底。（见柏拉图的《斐德若》，苏格拉底和斐德若也是在一棵梧桐树下的草地上开始谈论修辞和爱欲）为什么是《斐德若》而不是其他对话，看似不经意的细节，其实是西塞罗的用心之处。在柏拉图的许多对话中，苏格拉底一贯厌恶修辞术，瞧不起以传授修辞术为业的智术师，因为他们摇唇弄舌，逢迎取悦，蛊惑人心，并不关心真实和智慧。但在《斐德若》中，苏格拉底对待修辞术的态度却例外，他认为修辞术是靠言谈来引导灵魂的技艺，不仅在法庭和群众集会上，在私人场合也是如此，真正的修辞术应该能够把握灵魂的本质，理解人的天性。而在柏拉图那里，最善于发现和利用事物本性、了解事物真相的知识是哲学。所以，《斐德若》中的言辞与智慧、修辞术与哲学并不分离。这也许正是《论演说家》这篇对话要模仿《斐德若》的原因。演说家需要具备什么样的知识，演说术与哲学结合还是分离，也是西塞罗在这篇对话中处理的关键问题。卷一的引言也可以看作全书的引言，作者称这本书是写给胞弟昆图斯的。西塞罗回忆了优秀的演说家们关于演说理论的这场谈话，他想让弟弟知道，"那些非常富有演说才能、非常富有威望的人是怎样看待整个演说理论的"，这也是本书展开的主线。富有演说才能、极有威望的人何尝不是西塞罗的自我评价。西塞罗声称，自己和昆图斯关于演说理论存在分歧，他认为"要掌握演说术须得具有那些富有学识的人的知识"，而昆图斯则认为，演说家并不一定熟谙学识，演说术只不过是一定禀赋和实践的产物。西塞罗和昆图斯之间的分歧，也是本书两个主要对话者克拉苏斯和马尔库斯·安东尼乌斯观点之间的分歧。

公元前 46 年的《演说家》以书信形式写就，和同年的《布鲁图》是对罗马雄辩术发展历史的全面论述。《布鲁图》是西塞罗在公元前 46 年所作的对话体著作。这种对话体是当时普遍采用的著述形式。西塞罗以他本人和他的朋友阿提库斯和布鲁图作为对话人。书中主要记述了罗马演说术从初始到他所生活的时代发展演变的简要过程，是一部按年代叙述的罗马演说术发展史。书中除了对演说术历史的叙述之外，还讨论了演说术的美学价值及其对这种美学价值的研究。

罗马雄辩术在共和国后期的兴盛，是与罗马政治、社会的发展状况分不开的。概括起来说，主要有以下几点：首先，共和国政体为雄辩术的发展提供了可能的环境和条件。其次，共和国后期罗马社会的动荡不安为雄辩术的发展提供了素材和直接的推动力。再次，罗马雄辩术在共和国后期的发展兴盛是和希腊演说术和修辞学的影响分不开的。最后，雄辩术在政治、社会生活中的重要作用和地位，是自身获得进一步发展的一个重要原因。罗马雄辩术在共和国后期的兴盛发展是以上所述四个因素共同作用的结果，没有共和体制的保证，平等的针锋相对的政治争论就难以存在，在一个和平稳定的社会里，富有煽动性的激烈演说也无从产生，正因为雄辩术在政治生活中的实用性才使它在整个社会上受到普遍重视。同样，没有希腊的影响，罗马雄辩术就难以达到那么高的艺术和理论高度。

西塞罗既受到过良好的罗马传统教育，对希腊文化又有一定的了解，他对希腊文化的态度可以代表罗马知识界一种客观、公允的态度，用今天的话来说就是一种有选择地吸收的态度。

西塞罗对希腊文化并不持排斥的态度。在谈到演说家应当具有的基本知识时，西塞罗强调："对于一个演说家来说，最基本的是要正确地使用自己的语言——拉丁语。"这也反映出西塞罗对希腊和罗马文化相互关系的态度：借鉴希腊演说术及其教育方法，但应当表现出罗马风格，用纯正、优雅、准确的拉丁语来表达。

在实践中，西塞罗对罗马和希腊文化融会贯通，他是善于集两种文化之所长的文化巨擘。他能在坚守罗马传统的基础上，结合罗马社会的实际情况，将希腊文化以罗马人所能接受的方式介绍到罗马社会中来。因为这种兼容并蓄和调和杂糅，曾有人对西塞罗思想的"原创性"提出质疑，也许这种质疑在西塞罗的哲学和政治学理论方面有一定的根据，但是，在教育领域，特别是在关于演说术教育的思想与实践方面，西塞罗的独特贡献是应当给予充分肯定的。

西塞罗认为，希腊的演说术教育在理念和方法上对罗马的演说术教育产生了积极的影响。"在我们国家，人们研究其他各门艺术的热情从来没有像研究演说术那样高涨……在确立了对世界的统治权，长时期的和平使人们有了闲暇之后，每一个渴望获得荣誉的青年都认为应该以巨大的热情去追求成为一个演说家。起初他们确实不知道任何理论知识，不了解任何训练方法和艺术规则，因此他们只能达到自然禀赋和个人思考可能达到的水平。但是在聆听过希腊演说家的讲演，读过他们的著作，得到希腊教师的帮助之后，人们以一种空前的热情投身于演说术的研究。"在这里，西塞罗盛赞孕育了演说术这门艺术的雅典人，也说明了罗马演说术的缘起与希腊文化的传入，以及希腊教师的工作是密不可分的。显然，既有深厚拉丁文化学养又熟悉希腊文的西塞罗，对这两种文化持一种兼容并蓄的态度。他根据罗马社会生活的实际需要来培养演说家，并把演说家教育作为罗马教育的理想，而且强调最成功的演说家要具有深厚的希腊文化底蕴，具有哲学家的头脑，能言善辩，风度优雅，还要有罗马文化传统所倡导的实干精神，遵守罗马传统道德，精通法律和军事，等等。这说明，西塞罗心目中理想的演说家应该是集罗马文化传统和希腊文化素养于一身的理想而全面的人。

在演说术应用于社会生活实践的过程中，罗马人认识到精心准备的演说能够产生震撼人心的力量，而准备演说词的过程就是一种艺术创作的过程，必须经过专门的训练，这就产生了演说术教育。而演说术教育的出现，引起了罗马传统教育思想的变化。

从王政时期流传下来的罗马教育观念，一直把培养勤劳的农民和忠诚的士兵作为主要的目的。但是，演说术教育出现后，培养演说家成为罗马教育的最高目标，成为一名出色的演说家也是许多罗马青年的理想。在共和国时期出现的罗马三级教育体系中，最高层次的修辞学校就是专门培养演说家的学校。西塞罗关于培养演说家的思想，代表了共和国后期罗马教育思想的转变，即教育目的从培养农夫与士兵转变为培养演说家。

在西塞罗看来，演说家的教育实际上就是政治家的教育。"一个演说家不应该仅仅是一个在法庭上为公民和罪犯进行辩护的人，他应该追求成为共和时期的一个政治家，能够在公共事务的广泛领域提出见解。他还应该熟悉传统和习俗，了解现实的政治问题。"西塞罗的演说家教育与希腊哲学家柏拉图所倡导的"哲学王"的教育在目的上基本相同，但在教育内容上又有所不同。"哲学王"教育理念的核心在于强调哲学思辨能力的培养，而演说家教育强调在全面教育基础上的实际能力的培养。西塞罗主张通过演说术教育使罗马贵族青年掌握在社会生活中所需要的实际本领，更好地为国家服务。同时，他也强调演说家应当具有思辨的能力，"当一个人不是一个彻底的思想者时，他也不会是一个好的演说家"。但他提倡演说家应该更多地思考罗马现实生活中的问题。

西塞罗认为，作为一个好的演说家应当具备多方面的知识，仅仅靠修辞学校不能培养出真正优秀的演说家。在他后期的著作中，他甚至认为，学完文法学校课程的学生，"不一定要进修辞学校去学习修辞学和演说术，而应该接受更为广泛的教育，应当学习哲学、历史和法律"。

他认为，希腊哲学中的辩证法思想对于培养演说家是非常重要的，因为辩证法"可以教会学生界定范畴，进行分类，以及分析事物局部与整体的关系"。"一个演说家应当更多地学习希腊的哲学，而不是仅仅读那些职业演说家所写的教科书。"而作为一个演说家也应当学习历史，"能够从过去（的历史中）提取出广泛的知识"，在辩论中利用历史资料来论证自己的观点，会使辩论更有说服力。

西塞罗对于演说术教育的贡献在于他为演说家教育确立了

一些规范。首先，他界定了演说家的含义，并提出了优秀演说家的标准："是对于在演讲中涉及的任何问题都能以丰富的知识、正确的表达、优美的词语和优雅、尊贵的举止加以阐述的人。"西塞罗认为，一个优秀的演说家应当具备各方面的良好素质。这种素质包括内在和外在两方面。外在的素质指那些天赋的秉性和身体条件。他指出，作为一个好的演说家天赋的资质是最重要的。"天资对于演说具有最重要的意义……从事演说需要心灵和智力迅捷的反应，思考的敏锐，阐释的深刻与修饰的丰富，还需要牢固而持久的记忆……这些能力不可能由技艺训练而获得，因为这一切都是自然的赠礼。"另外，优雅的举止风度对于一个演说家来说也是很重要的，甚至演说时的姿势、手势、面部表情和声调的变化都会对演说的效果产生很大的影响。因此，西塞罗认为，一个优秀的演说家，在发表演说时，应该"谈吐文雅、机智，在回答问题和反驳对方时，敏捷、简练、谦恭有礼"。要"具有论辩家的敏锐，哲学家的思想，诗人般的词语，法学家的记忆，悲剧演员的嗓音，近乎天才演员的表演才能。因此，在人们中间，没有什么比完美的演说家更难找到"。内在的素质是指广博而扎实的知识。他认为："大量事物的知识，对于演说艺术来说是十分必要的，没有渊博的知识，即使能言善辩也是空洞荒谬的……"他还说："在我看来，谁如果没有获得一切重要学科和艺术的知识，谁就不能成为完美的演说家。"他主张演说家教育应当是一种综合的教育，是一种通才的教育，而不仅仅是关于修辞学和辩论术的教育。这种全面的内在素质主要是靠后天的教育来培养的。

其次，他论证了演说家的培养方法。罗马演说术教育的实践，创造了一些行之有效的训练方法，最典型的就是"练习"。在修辞学校中，教师往往要设计出一个个与在广场演说和法庭辩护中相似的情景或案例，然后，根据设计的情况进行演说词的写作和演说练习。这种练习主要从三个环节上进行：

第一个环节是练习写作演说词。西塞罗认为，遣词造句和整篇演说词的文体结构决定了演说的水平和效果。因此，深思熟虑和精心准备是十分必要的。在《论演说家》中，他指出了写作练习对演说术的重要性："有一种练习更重要……那就是尽可能多地写作。笔是出色的演说词、最好的作者、优秀的演说家和最好的导师。"在进行写作训练时，第一步的需要是就所要阐述的问题进行情景设计并有针对性地准备论据。在此基础上要对演说词的文字按照演说的节奏和韵律进行搭配和调整，使之不断完美，但最重要的是对所阐述的问题要仔细思考。经过这样的训练，遂使"高超的演讲具备优美而雅致的文体，在修辞方面具有独特的技巧和光泽"，达到如此境界，并且养成习惯，那么，即使是在即兴演说时也会如事先准备好的一样纯熟。

第二个环节是阅读和背诵的练习。其内容是著名演说家的演说词和著名诗人的诗歌。西塞罗认为，叙述最著名的演说家的希腊文演说词是有效的练习方法。把希腊文作品用拉丁文转述出来，在这个过程中，可以通过对原文的模仿，创造出新的、适用的词汇。西塞罗认为，作为演说家的语言应当生动优美，言简意赅而又通俗易懂，论证应当层次分明，紧扣主题，具有逻辑力量。这一切能力都可以通过大量阅读和背诵前人的优秀作品来获得。

第三个环节的训练是模仿。西塞罗主张，在演说术的教育过程中，教师应当要求学生在声音的运用、呼吸的处理、肢体辅助动作的设计等方面进行专门的练习，在这些方面也不可以随意。在训练时"应该模仿演员，以防止由于不好的训练方法而养成某种恶劣和粗俗的习惯"。

这三方面的紧密结合使罗马修辞学校的练习成为一种行之有效的教育方法，这种方法是罗马人在继承希腊传统基础上的创新，体现出鲜明的务实性特征。

演说术是一门注重实践的学问，作为演说家的西塞罗也是一位在罗马政坛上十分活跃的政治家。他不仅有机会在法庭诉讼中为案件的当事人辩护，而且有机会在公民大会和元老院的讲坛上发表演讲阐述自己的政治主张，在他的身上，体现了演说术与社会生活的紧密结合。所以，有人说西塞罗是一位"实践政治家"。正是通过这样的实践，西塞罗使作为文学形式的演说词和作为政治传媒的演说术完美地结合在一起，使演说术在艺术技巧和实用功能上达到了完美的统一。

西塞罗对罗马演说术理论的建树应当是他最重要的贡献。他在继承希腊演说术理论和总结自己丰富的演说实践的基础上，形成了独特的演说术理论，为后世留下了系统的演说术理论著作，成为研究古罗马教育和演说术发展历史的重要典籍。他一生写过一百多篇演说词，有五十八篇或全或残的演说词流传至今。此外，他的大量拉丁文作品，以其语言的纯洁，文字的优美，成为拉丁文学的范本，也成为罗马各级学校的教材，特别是修辞学校进行演说术教育和训练的素材。这一方面促进了拉丁文学的发展，也促进了罗马教育的发展。

西塞罗关于演说术教育的理论和实践，在罗马教育史上占有极为重要的地位，它对罗马文化的传承和政治的发展产生了深远的影响。恺撒这样评价他："您发现了演说术的宝藏，也是使用这些宝藏的第一人，您施惠给罗马人，罗马因您而荣耀。您的功绩比那些最伟大的将军们合起来的功绩更伟大、更辉煌，因为增长人类的见识要比开拓罗马的疆域更崇高和更有益。"

二、修辞的艺术

据西方修辞学史家的看法，实际上在希腊文化里，希腊修辞术（greekthctoric）与希腊演说术（greekoratory）彼此有着密切关联，却又属于两个截然不同的门类。"修辞术是关于说服（persuasion）的理性技艺或学科；而演说术研究的是修辞技艺的应用，通过实际的言语交流行为来达到说服的目的"，两者互相依存，缺一不可。由此我们发现，古希腊以修辞术为主题的著作，比如，亚里士多德的《修辞术》，讨论的问题既包含作为核心问题的演说，又包括许多其他相关问题（特别是哲学问题）。

据此，西方学者在讨论修辞学的时候，站在西方整个修辞传统上对 thetoric 和 oratory 作进一步的划分，并告诉我们，thetoric（修辞）与 oratory（演说）一直是表示理论与产品的标准术语。修辞者指的是演说者，向公众演讲的人，或教授演说技艺的人，而修辞学家是指教修辞的人或阐述修辞原理的人。我们比较一下"修辞术"和"演说术"这两个汉语对译词，可以作出这样的区分，"修辞"一词侧重于"辞"字，"修辞"者，对"辞"进行修饰调整以使达意传情也；而"演说"一词则侧重于"说"。

西塞罗在修辞学领域的贡献分为两部分。第一部分是演说辞。事实上，西塞罗作为作家的名望，首先源自其作为伟大演说家的地位。"他清楚，演讲台上的演说是稍纵即逝的，就像舞台演员的表演一样，而演说家留给公众的记忆，只会是听众眼前感受到的最新的形象。因此，像他那个时代所有成功的公共演说者那样，西塞罗通常在演说前花费大量心思将自己要演讲的内容写下来，并在以后以书的形式结集出版。这样一来，稍纵即逝的成功，就变成了恒久保存的成果。"可以说，西塞罗的名字之所以被后人与"演说家"等同起来，其中原因不仅因为西塞罗的演说生涯曾深刻影响过罗马共和国晚期的政治风云，而且因为西塞罗将演说内容通过演讲词的方式保留了下来，历经时间长河的大浪淘沙，成为古典拉丁文散文的典范之作。

西塞罗对修辞学的第二部分贡献是修辞学理论。西塞罗的修辞学理论著作总共有七部，其中最早发表的是《论选材》，成书于西塞罗青年时期。《论演说家》和《演说术部目》属于西塞罗盛年时的成熟之作。当西塞罗晚年逐渐从国务活动以及政治演说中退下来后，又先后写成了《布鲁图》《演说家》《论最好类型的演说家》《命题集》。这些作品大致可以分成技术类和非技术类两种类型。技术类著作包括《论选材》《演说术部目》以及《命题集》。《演说术部目》是西塞罗为自己的儿子写的，以一问一答的形式写成，学生提问，老师作答。《命题集》是对亚里士多德的相关理论作出的讲解。这部作品是西塞罗在一次航海旅途中根据记忆写成的，用于启发他的朋友。非技术著作包括余下的所有作品，《论演说家》属于其中最重要的一本。《论演说家》以散漫的谈话方式对演说术的诸多问题作出了全面的阐述。对这些问题的回答主要以学院化的理论为基础，但由一位富有教养而且具有丰富阅历和写作经验的大师，以优美文雅的笔调写成。《布鲁图》是以谈话的形式写成的一部罗马演说史。

西方古典修辞术的性质是什么？修辞术是一种关于说服的技艺。柏拉图、亚里士多德以及西塞罗对修辞术有不同的看法，根本原因是他们对政治有不同的看法。如果不能把握住这一点，我们就无法理解柏拉图与西塞罗对修辞术为什么会持各自不同的看法。总的来说，西塞罗是秉承智术师传统的，但同时，又不是全盘接受智术师的修辞观，而是夹杂了柏拉图对智术师的修辞术的批判的影响。柏拉图认为，完美的政治秩序和完美的政治行动基于完整的知识，即真理。问题是，完整的知识值得追求，但又是不可能达到的。西塞罗显然受柏拉图的这一观点的影响，以至于要求演说家要尽量掌握包括历史、法律、习俗等在内的广博的知识，特别是哲学知识。而西塞罗对演说家的这一要求显然又是建立在其思想中对理想政治的追求之上的，这一理想政治就是罗马共和制。

西塞罗的政治著作主要是《论共和国》和《论法律》，而《论演说家》虽然写作要稍早于这两部著作，但理路上却不能不让我们将它们联系起来考察。既然无法掌握完整的知识，那么是否就意味着我们不能从政呢？基于不完整知识之上的不完美的政治是否就不值得去从事呢？在这一点上，西塞罗与亚里士多德是一致的，那就是不完整的知识同样可以用来指导不完美的政治，这也是西塞罗虽然内心向往避世的宁静生活，却又在行动上坚定地投身于政治活动。西塞罗不同意有智慧的人脱离政治生活，因为如果有智慧的人都远离政治，那么，政治就更不能变好了。所以西塞罗要教育少部分未来的政治家，使他们清楚如何在追求尽量完整的知识的过程中，去追求尽量完美的政治。这也是西塞罗这部表面上是传授演说术的修辞著作会以《论演说家》为题，并通过戏剧对话的方式去塑造理想演说家的形象的原因了。

认识西塞罗与柏拉图的关系是我们理解修辞术与哲学之争，进而深入解读《论演说家》的基本条件。西塞罗对柏拉图的作品和思想显然是非常熟悉的。《论演说家》显然是在为演说术以及演说家的生活方式作辩护，为演说术重新寻找道德上的正当性。

西塞罗最早在《论选材》中系统分析修辞，确定它是一种政治上的分工，其目的是通过语言来说服。它由颂扬性的、讨论性的和法律性的材料构成，分选材、排列、风格、技艺和表达五个部分。然后他开始讨论如何确定一个选材的境况（constitutio），后来在其他著作中称为形势（status）的问题。这是法庭演说的一种方法，目的在于确定双方争议中最关键的问题，不管这个问题是一件事实、对一个事实或者行为的定义、事实的性质，还是法官的裁决。西塞罗明确了理论的一系列步骤和范畴，逐渐支配了罗马的选材理论。明确了确定形势的四个步骤之后，西塞罗注意到，在某些争论中，形势问题是关于对某些成文文件的解释，需要运用到类比推理。

西塞罗还系统分析了司法演说的各个部分，以确定它们的功能和主题。他认为一篇演说通常包括引言、陈述、分类、肯定、反驳、插话和结语。在整个讨论中，西塞罗都注意找出loci——立场，即演说者能够让其演说更加有效的方法，他提出了许多切实有效的方法。对结语的支撑主要靠论证，西塞罗指出："所有的论证都可以在这些题目中找到，装饰那些已经发现的真理并把它划分成一定的部分，既是非常必要的，也是很诱人的，可是，它竟然一直为有关这个艺术的作家们忽视了。"他认为论证要么是归纳，要么是推论，与亚里士多德不同的是，西塞罗坚持它们主要是一种写作手段而非逻辑方法。对于推论，西塞罗认为标准应为五个步骤：命题简单陈述立场，论证支持或详尽阐述有关命题，比照将论证应用到相关个案（小前提），小前提的论证，结论。

优秀的文章应当语法准确、清晰、文辞优美，而且要与演讲人、主题、听众协调，要注重比喻等修辞手段的运用。西塞罗的多篇演讲词就是范例。除此之外，西塞罗还强调韵律的使用。

在拉丁语修辞学传统中，西塞罗是一个发挥过决定性影响的人物。虽然他的修辞学著作不是很有创造性，很大程度上是希腊化资料的派生物，但因为他本人经历丰富，他的观点极富启发性。他是散文韵律方面的最高权威，他向人们展示如何在实践中利用和改造学校里学到的知识，特别是在用戏剧化的手法刻画人物方面很有他的独到之处。

第 7 章

宗教、神学：灵魂永存

一、《论神性》：有神论

神学是西塞罗哲学研究的一个组成部分或延伸。在西塞罗看来，所谓诸神的本性、诸神的存在等问题实质上是哲学问题。这些问题与人生信仰、生活幸福有密切的关系，因此，哲学家必须对之进行深入的思考。在完成了《学园派哲学》《论至善与至恶》和《图斯库兰讨论集》的写作以后，西塞罗于公元前 45 年夏天开始《论神性》的写作，思考神与世界的关系问题。

当时的哲学争论已经就诸神的本性等问题进行过讨论。在他之前，学园派的一些哲学家，如塞诺克拉底和克律西波，都写过以"论神性"为题的书。尽管此时西塞罗的兴趣仍旧停留在伦理学上，但他相信，没有宗教的支持就不可能保持道德的完善。所以，他想要先解决一些神学上的难题：一个理性的人能否信仰和实践某种宗教以构成道德的基础？伊壁鸠鲁主义的无神论倾向和立场是否合理？怎样才能与斯多葛学派的泛神论和迷信倾向保持距离？可以说，《论神性》就是他对这些问题的解答。

《论神性》这部对话的拉丁文原名是 De Natura Deorum，英译名为 On the Nature of Gods。全书共分三卷，原文除第三卷有大约三分之一缺失外，基本保存完整。作者虚构的对话时间是公元前 77 年或公元前 76 年，地点是科塔的住所。除了科塔，其他出场的人物有威莱乌斯、巴尔布斯和西塞罗本人。这些人都是历史中的真实人物，西塞罗的实际年龄比这些人要小得多。虚构这样一个对话时间可以让这些人在文中充当对话人，而西塞罗本人则可以扮演旁听者的角色，到对话终结处再发表意见。虚构的对话连续进行了三天，每天的内容构成了一卷。威莱乌斯代表典型的伊壁鸠鲁派，巴尔布斯是斯多葛派，科塔则持学园派的观点。

西塞罗开宗明义，阐述了研究诸神本性问题的意义和方法。西塞罗说："有许多哲学问题一直还没有令人满意的答案，而诸神的本性问题就是其中最隐晦、最困难的一个。若能回答这个问题，则不但能彻底揭示我们自己的心灵的本性，而且也能为我们提供必要的宗教方面的基本指导。学者们对这个问题的看法五花八门，相互矛盾，真令人感到有句谚语说得不错，哲学是无知之子。""因此我们的探讨从一开始就面临着观点上的根本分歧。除非能将这些分歧意见统一起来，否则人类将继续生活在最严重的谬误之中，对他们最需要知道的东西一无所知。"

西塞罗指出，大部分思想家肯定诸神的存在，这是一种最可能的观点，也是受自然（本性）引导最容易得出的一种观点；但是有一些人，如普罗泰戈拉，声称自己在这一点上也不确定，也有一些人认为诸神根本就不存在。至于诸神的外形、住所、生活方式这些细节则在哲学家中反复争论，观点各异。随着争论的深入，争论的主题转为诸神与世界的关系。一些人相信诸神完全没有理智，也不统治世界。另一些人认为，诸神在太初时创造万物，以后又一直控制万物的运动。否定诸神统治世界必然否定宗教，虔诚的美德也会消失，人类的生活将陷入混乱，社会的团结、正义、忠诚都将消失。序言之后是以伊壁鸠鲁主义者身份出现的威莱乌斯的发言。他首先对柏拉图主义和斯多葛学派的神学和宇宙论学说进行批判，指出其荒谬性；其次对自泰勒斯以来的希腊哲学家的神学观点作了综合性的概述；最后叙述了伊壁鸠鲁学派关于诸神性质学说的主要观点。科塔代表学园派对威莱乌斯的发言提出了批评。他指出，威莱乌斯以人们普遍具有对神的信仰作为诸神存在的证据是相当薄弱的，威莱乌斯依据原子论解释神的起源、住所、形体、精神、生活方式，但是根本就没有原子这种东西存在，也不存在无形体的虚空，因此，原子论只是自然哲学的寓言。假定有原子构成的诸神，那么诸神必定不是永恒的；原子有生灭，诸神也有生灭。可见这种解释与神的永恒性相悖。科塔接下来批判了神人同形同性论，指出这种观点出于迷信和无知，它剥夺了神的完满；并非所有民族都有这种看法，而伊壁鸠鲁本人也有神人同形同性论的倾向。伊壁鸠鲁派嘲笑其他学派，但他们自己的神人同形同性论观点也是可笑的。从伦理角度看，伊壁鸠鲁派的观点也是错误的。承认影像并不能肯定诸神的真正存在，这样的神也不是幸福、永恒的存在。不起作用的、缺乏德行的、没有感官快乐的、随时处在消亡威胁之下的诸神怎么能够幸福？伊壁鸠鲁的观点对宗教来说是毁灭性的，否定了神也就否定了神对人的仁慈。

科塔的上述批评意见所包含的论证部分地取自学园派，也在一定程度上表现出西塞罗本人的倾向。他实际上认为，伊壁鸠鲁主义的观点并不比受到它谴责的其他学派的理论更令人满意，从实际效用出发，人们不能接受这种观点。

在第二卷中，巴尔布斯阐述斯多葛派的神学观点。他说："一般来说，我们这个学派的哲学家把整个神学问题分成四部分：第一，我们认为神圣的存在者是存在的；第二，我们解释它们的本性；第三，我们描述它们如何统治世界；第四，我们表明它们如何关心人类。"他集中了各种论证，阐述了斯多葛学派在这四个问题上的主要观点：第一，这个世界的种种迹象表明它是神圣的，因此人们普遍相信神的存在；第二，神是球形的，神的运动方式与天体一样是旋转的，神是一位具有创造力的工匠，流行的诸神崇拜是神赐予人的礼物，或者是人格化的美德和情欲；第三，神的智慧和力量、世界的本性和秩序证明了神意的存在，神意控制和保护着宇宙万物；第四，神照料着人的福益，帮助个人。

第三卷由科塔站在学园派怀疑论的立场上对巴尔布斯阐述的四个问题作答。由于这一卷大约有三分之一的原文佚失，科塔对上述第三个问题的回答我们无法得知。

科塔指出，巴尔布斯的叙述相当雄辩，但并非无懈可击。首先，如果神的存在是非常明显的，是人们普遍承认的，那么还有什么必要作详细的证明呢？实际上看到天体运动并不一定能引导人们相信一位自然的神，共同的信仰也不一定可靠。其次，这个世界是美丽的，但为什么它就是有智慧的呢？许多哲学家都已经对这种观点提出了反驳。最后，理性作为神赐予人的礼物实际上是对人的一种伤害，而非福益，只有合乎道德地使用理性才是有效的，而如何使用理性取决于人本身。神意应当有预见，看到人会滥用理性，神就不会拿理性当礼物赐予人类；人缺乏智慧表明神对人的福益无动于衷；人的生命和自由绝不是小事，人要获取美德必须靠自己，而不是靠神的恩赐。科塔的发言结束后，西塞罗对三天的讨论情况作了十分简短的小结，整部对话到此结束。

《论神性》的对话文体和虚构场景给我们确定西塞罗的神学立场带来了一定的难度。西塞罗在全书结论中说："我感到巴尔布斯的观点最接近像是真西塞罗的神学立场与宗教态度的东西。"在以后的著作中，他又说过《论神性》是一部已经完成了的著作。基于这两条材料，学者们一般认为西塞罗本人最终接受了斯多葛学派的神学立场。然而结合西塞罗晚年所持的哲学立场，以及他在对话开头时所表明的对各种神学观点的态度，我们可以认为，由于西塞罗思想的综合性，要确定他的立场究竟属于哪一学派实际上没有什么意义。西塞罗借巴尔布斯之口对斯多葛学派的神学观点作了系统的阐述以后，还是对这种"最接近真理"的观点作了一些批评。但是在批评之后，西塞罗也不是要全盘抛弃它，而是想要具体说明他接受斯多葛学派学说的哪些部分，抛弃哪些谬误。由于他此时撰写这部分内容还不成熟，他手头也没有一个现成的希腊模式可供借鉴，于是他将此任务留到了以后。这就是他仓促地结束这部对话的原因，也没有迹象表明这部对话在他生前曾经正式发表过。

西塞罗的神学立场与他晚年的哲学立场是一致的。一方面，他抱着学园派怀疑主义的态度对以往的神学观点进行研究，运用以往希腊哲学中的理性神的思想对传统的以神人同形同性论为特征的希腊罗马宗教进行批判；另一方面，他又站在有神论的立场上，批评以伊壁鸠鲁学派为主的无神论思想。这样的工作使他的著作可以用作批判传统希腊罗马宗教的武器，也可以成为建立新宗教和新神学的思想来源。但这项工作在西塞罗那里并没有完成。如果说他在这方面有什么贡献的话，那么可以说，他对以往希腊哲学中一直存在的理性神的思想作了综合。

在《论神性》中西塞罗并没有直接指出所有对神的理性证明都是不可能的，但从学园派怀疑主义否定人们可获得确切性真理认识的立场出发，西塞罗对伊壁鸠鲁学派与斯多葛学派理性证明的批判就应该是以对所有理性证明的批判为基础的。事实上，在《论神性》中西塞罗已经一般性地批评了设计论，认为宇宙的和谐与秩序必须归结为自然本身的力量，而不能简单地归结为神的创造。另外，更为重要的是，西塞罗在这篇著作中集中地批判了理性的脆弱性。他指出，这种诸神赋予我们的理性力量，如果它们确实把理性赋予了我们是一种中性的力量，它的善恶取决于我们自己的善意或是恶意的使用。理性是我们所有恶行的基石，是不公正、放纵和懦弱的根源。这就是说，理性本身并不能导致善，或者说理性自身并不就是善，理性要成为善的，还需要人们向善的能力，或者说意志的帮助。西塞罗这一批判虽然没有直接指向理性对神的认识能力，但由于哲学家经常从理性与善相互关联的角度认识神的问题，对理性善之意义的批判也就相关到对理性认识能力的批判。进一步而言，哲学家非善的理性认识如何能够认知至善的神？

否定了哲学对神的理性认识，并不就意味着否定了神的存在。西塞罗说："对我来说，只需一个理由就足以论证诸神的存在，即这是我们祖先的传统信念。而你（指《论神性》中斯多葛主义者巴尔布斯）鄙视权威，诉诸理性……你展开的所有这些论证来证明诸神是存在的。但正是由于这些论证使你产生了某些疑惑，而我的内心则根本无疑惑可言。"这就是说，在西塞罗看来，信仰自身足以表明神的存在，神的问题首先是信

127

仰问题而非理性问题。另外，这种对神的信仰并不能上升到理性层面，当人们强行诉诸理性来论证信仰的时候，疑惑就产生了。即许多神的观念对于信仰来说是可接受的，但对于理性来说就十分荒谬了。

西塞罗在许多地方指出，人们对神的信仰是出于政治上的权宜而被培育出来的，目的在于建立国家宗教。但是从另一个方面来讲，信仰、宗教又并非毫无价值。信仰与宗教一旦被确立起来，就将有效地维护人们的道德。"我确实不知道，如果失去了对诸神的敬畏，我们是否还能看到善良的信念！人类之间的兄弟情谊，甚至连正义本身也将随之消失，而正义是一切美德之基石。"为了引导理性向善，就必须借助于信仰与宗教的力量。正是基于这一考虑，西塞罗尽管认识到对神的理性证明是不可能的，仍然坚信神的存在。因此，西塞罗的信仰之神与其强烈的实践意识关联在一起，直接指向人们的世俗政治生活与政治德行。

从本质上讲，西塞罗神论的根本问题在于，它在神的问题上同时祭起了理性与信仰两面大旗，而其理性所批判的正是其信仰所认可的。进而言之，西塞罗并没有能够在神的问题上正确处理理性与信仰，或者说神学观点与宗教态度的关系问题，而是让它们各执一端，各自言说。西塞罗的神论并没有把理性与信仰真正统一起来。西塞罗没有或者说根本不想建立一个首尾一致的体系神学，他的神论具有很强的折中主义性质。但有学者这样指出："不研究西塞罗，就不能了解希腊精神如何在罗马世界扩展，不研究西塞罗的神学立场，就不能明了西方文化理性与信仰融合的特质。"

西塞罗是基督教诞生以前西方社会最重要的神学家。《论神性》不能算是西塞罗最流行的著作，但它在欧洲思想史的不同阶段发挥了有趣的作用。首先是在公元 3 世纪时，当罗马帝国的宗教斗争十分激烈的时候，基督教在这本书中发现了非常有用的武器，可以用来反对古老的传统宗教。当时的基督教教会虽然存在着一种倾向，要警惕希腊哲学带来的危害，但是一些基督教护教士还是运用它作为批判异教的武器。基督教护教士米诺西乌·菲利克斯、阿诺比乌、拉克唐修都曾模仿过西塞罗的风格，使用西塞罗著作中的材料批判罗马宗教。基督教大思想家奥古斯丁也熟知西塞罗的《论神性》，在他的《上帝之城》中利用西塞罗的思想批判罗马宗教。后来随着基督教的得势，6 世纪末的大格里高利曾经想毁掉西塞罗的全部著作，因为他优雅的文风具有诱惑力，妨碍人们读《圣经》。然而西塞罗的著作大部分保存了下来，成为西方知识界熟悉的读本。

文艺复兴时期的意大利学者首先使人们对西塞罗著作重新产生了兴趣。这个时期的人文主义倾向使他们把西塞罗当作雄辩与智慧结合的化身。15 世纪时，当亚里士多德的影响衰退，而柏拉图思想还全然没有产生冲击力的时候，西塞罗一时间成为最伟大的古代人物。但他的《论神性》在这个时期没有多少人使用，因为只要人们还在接受基督教，人们就不可能看出它的真正意义所在。但是后来 17 世纪的宗教改革使人们对这本书的兴趣大增，加尔文、蒙田都使用过这本书。这本书的各种译本纷纷印行。到了 18 世纪，理性主义的兴起，带来了人们使用这本书的高潮，《论神性》中的各种论证被人们反复讨论和引用。几乎所有的西方近代大思想家都曾关注过这本书，他们不一定完全赞同西塞罗的观点，但无疑都受到过西塞罗的影响。这种情况一直延续到现在。

当代西方思想家对西塞罗的关注不胜枚举，我们从 20 世纪后半叶罗尔斯的《正义论》和麦金太尔的《追寻德性》这些具有世界性影响的著作中，都可以看到西塞罗的影子。

二、宗教思想：向传统宗教习俗回归

神学与宗教的联系是密切的，但是一个人的神学立场与实际的宗教态度不是完全对应的。从西塞罗的著作中可以看到许多批判传统宗教的话语，但他理论上并不否定传统宗教存在的合理性，在实际生活中更是参与各种宗教活动，是传统罗马宗教的拥护者。他本人还当过共和国的占卜官。因此他说："国家最重要、最根本的法是同占卜官的威望相联系的法。"为了治理国家，他按照当时罗马的习俗阐释了一系列罗马宗教法，要求人们严格遵循。

西塞罗的宗教态度与他本人的宗教经历也有关。公元前79年，西塞罗离开罗马，东渡雅典去与他的兄弟和侄女一起度长假。在雅典期间，西塞罗加入了厄琉息斯秘仪。这种秘仪是当时流行的一种神秘教，虽无正式的教义，却有着神秘的教仪。西塞罗从这种秘仪中获得了深刻的宗教体验，以至于三十年后他还在说，他在雅典期间的所有经历没有比这次入会更加奇妙的了，这些秘仪使"我们这些野蛮、粗鲁的人变得人道和温和，认识了所谓的奥秘，实际上即生活原则，教导我们不仅活着时快乐，而且死去时心怀美好的希望"。

西塞罗的晚年又有了一次生动的宗教经验，但他只在少数一些地方作过描述。他的爱女图利娅不幸死去，这一事件使他开始相信人的纯洁的灵魂在死亡时直接趋向于诸神，分享诸神的本性和荣耀；而有瑕疵的灵魂则进入黑暗的地狱，等候另一次进入人体复生。图利娅的灵魂是纯洁的，西塞罗感到与她的情感交流使自己也能达到与神的交流。因此，他打算建造一所小小的神庙纪念图利娅。

可以说，当西塞罗以一名哲学家的身份在思考宗教问题时，他试图对宗教的真实性问题作一种哲学化的把握。但当他面对社会现实，思考宗教的社会、政治、法律、伦理功能时，他以权威、习俗作为宗教信仰的基础。权威在这里的意思主要是祖先的智慧，指团结、忠诚、合作、主动这些公民美德，这种东西与罗马人的伟大、罗马国家的伟大联系在一起。他没有把神意当作迷信完全排斥，而是采取了一种中庸的办法，认为宗教既不会阻挠我们的政治行为，也不会使我们对自然的理性秩序的观点模糊。因此，他在社会政治著作中反复强调神意。他认为宗教是绝对必要的，但这种必要性更多地与社会原因联系在一起，而与精神原因联系较弱。他说："让公民们一开始便树立这样的信念，即一切事物均由神明们统治和管理，一切均按神明们的决定和意志而变化，神明们极力帮助人类，他们看得见每个人是怎样的人，在做什么，怎样行动，在想什么，如何虔诚地侍奉教仪，如何对待尽责和不尽责的人们。"他把宗教看作社会的黏合剂和社会正义的基础，因此他在宗教问题上主要反对伊壁鸠鲁学派而不是斯多葛学派。

他承认宗教的各种社会作用，但他没有严格区分宗教与迷信。在宗教问题上，西塞罗采取一种实用主义的态度，而他的神学则起着为他的政治理想服务的作用。他是一名有神论的哲学家，相信神的存在。他说："在人类中，不管哪个民族，无论是发达的或野蛮的，没有不知道应该承认神的存在的，哪怕他并不知道应该承认谁是神。由此可以这样说：一个人只要在回忆和认识自己从何而来，他便是在认识神。"

古罗马是一个崇尚宗教的国家，在他们的庙宇里供奉着各种各样的保护神，据瓦罗推算有三万个神，以至于帕特若留斯抱怨说：意大利有些城市神比人多。宗教祭祀和宗教活动成为国务活动和人民生活的重要组成部分。罗马日历上的节日有一百零九个，正如卢克莱修指出的那样：宗教是造成大量时间浪费的主要原因。在罗马，宗教崇拜往往和爱国主义联系在一起，各种神灵常常系国家命运之所系，宗教信仰不仅是人们的精神寄托，而且成为联系人民之间、人民与国家之间的纽带。因此，历史学家波里比奥斯说："在我看来，罗马共和国无与伦比的品质是他们笃信宗教的本性。我认为将罗马国家连为一体的正是其他地方的人们所要谴责的东西——迷信。"宗教在罗马是如此盛行，罗马人的宗教情结是如此强烈，以至于我们不得不说在某种意义上罗马国家的历史就是一部宗教演绎和变迁的历史。

罗马的宗教最能体现罗马的传统。作为元老院议员、共和国卫道士的西塞罗当然不会忽视这块为共和国摇旗呐喊的阵地，他曾在其著作中借科塔之口说："我一直捍卫而且将始终捍卫罗马传统的宗教信念、习俗和仪式，任何人，无论他有学问还是没有学问，都不能改变我从祖先那里继承的关于崇拜不朽的神的信念。"因此，他提出了宗教是他思想中的重要组成部分。

西塞罗号召人们信仰宗教、信仰神。他说："让公民们一开始便树立这样的信念，即一切事物均由神明们统治和管理，一切均按神明们的决定和意志而变化。"在这里，可以看出西塞罗的宗教思想和其自然法思想是一脉相承的。在自然法思想中，他把来源于神，作为神的等同物或化身的理性摆在至高无上的位置。同样，在宗教思想中，他把罗马的各种神灵奉为最高统治者，如果进行类比的话，宗教中的神就相当于自然法中的理性。同时，他的神还具有类似基督教的上帝善良、万能的特点："神极力帮助人类，他们看得见每个人是怎样的人，在做什么，怎样行为，在想什么，如何虔诚地侍奉教仪，如何对待尽责和不尽责的人们。"因此，他要求人们要无条件地信神、敬神。他说："愿人们圣洁地敬奉神。"为了能敬奉神，他主张人们在城市建造庙宇，在乡下建造圣林和路神祭坛。西塞罗本人对神非常虔诚，就在他被保民官克劳狄乌斯放逐即将离开罗马的十分绝望之际，他没有忘记首先把他家供奉的米涅尔瓦雕像献给卡皮托神庙，并刻上"献给罗马的保护神——米涅尔瓦"的字样。在敬什么样的神的问题上，西塞罗的保守主义的倾向得到了体现。西塞罗崇尚传统，反对变革，他主张敬奉罗马传统的神，反对敬奉外来的神。他要求人们以私人仪式崇敬按传统继于先辈的神，任何人均不得另奉特别的神，无论是新设的神或是外来的神。因为在他看来，敬奉特别的神会给宗教带来混乱，使祭司面临不熟悉的仪式。

祭祀是罗马人宗教活动的主要方式。早期的罗马宗教祭祀以家庭为中心，人们在家的三个地方敬神：在炉灶里有灶神维斯塔，人们为了祭祀她，中餐后将一块圣饼丢入灶中；在储藏室有保护神；在门口或门槛上，要举行特别的仪式来使善良的门神留在家里，以阻止魔鬼和邪恶之神进入。罗马人无论是生子、结婚，还是死亡，都要举行仪式来祭祀这些神，让他们保佑每个人富裕安康。由于以家庭为中心的私人祭祀是罗马传统的宗教形式，因此奉行保守主义的西塞罗主张："愿私人祭奠永远保持。"在公共的宗教祭祀上，西塞罗主张遵照成法，严格按规定办事："凡大祭司和占卜官决定什么神用什么献祭——哪位神用成年牲畜，哪位神用幼畜，不应作任何变更。"同时，他主张禁止妇女夜间献祭。在祭祀仪式上，他主张要保持祖先们的祭祀仪式中最好的方面，按照他的说法，即最古老、最接近神的东西。为了让人们和国家生活中的一切符合传统和规范，他还要求那些不明教规的人向祭司们学习。

在宗教信仰过程中，西塞罗重内心而轻肉体，重精神而轻物质。这和他的自然法高于人定法是异曲同工的。在敬神问题上，西塞罗十分强调内心的虔诚与纯洁，而把肉体的洁净看成是可有可无的因素。他说："法律没有强调肉体的圣洁，但是应该明白一点，即心灵远远重要于肉体……要知道，肉体上的污秽可以用水清洗或经过几天后自然除去，至于说到心灵的堕落，时间的流逝不可能使它消逝，任何江河的冲刷都不能把它涤除。"为了强调精神的作用，他甚至把灵智、勇敢、虔敬、信诚等这些品德也奉为神。他相信灵魂不死，认为勇敢、高尚的人的灵魂具有神性。同时，他主张在敬神的权利上人人平等，他说："如果求神恩抚，而敬奉神明的道路不是对所有的人敞开，这是最令神不悦的。"

西塞罗主张祭祀从简，反对奢华，他和柏拉图一样反对用土地献神，主张用金、银和象牙。献神也要适度。西塞罗还由祭祀从简推及到丧葬从简。古罗马的丧葬习俗带有很浓厚的宗教色彩，罗马大户人家的丧葬仪式是他们祭拜祖先和炫耀祖先荣耀的机会，一般有钱人家都会大操大办。西塞罗对此持反对态度，他主张丧事从简，减少丧葬耗费，禁止过分哭丧，呼吁缩小坟地规模。为此，他重申：任何人不得建造规模超过十个人三天工作量的坟墓，也不得进行粉刷所谓的赫尔墨斯四棱柱或发表演说颂扬死者，除了是在举行国葬时，并且发表演说者是由国家委派。他还主张坟墓的建造以不占用耕地为原则。

西塞罗主张对渎神罪施行严厉的惩罚。古罗马早期的法律宗教成分很大，对于宗教方面的犯罪处罚很重。意大利的罗马法学家朱塞佩·格罗索在《罗马法史》中记载了罗马早期的刑法对于触犯神的罪犯普遍适用的刑罚就是"献祭刑"，这种刑罚可以将直接犯罪人作为牺牲品献祭，也可以让犯罪人接受神的报复而被任何人白白杀死。

在西塞罗看来，对渎神罪的惩罚，神的法律比世俗的法律更加严厉，它不仅使渎神者遭受身败名裂的折磨，甚至死后也不能享受丧礼和安葬。他在其《为提图斯·恩尼乌斯·米罗辩护》的演说中谈到克劳狄乌斯的死时就论证了这种观点。克劳狄乌斯不仅曾放逐过西塞罗，而且有渎神行为，因此，西塞罗认为：他的死是由于神的愤怒扰乱了其随从的心智；他死后没有遗像，没有挽歌，没有娱乐，没有颂词，没有哀悼和葬礼，甚至没有一般仇敌都可得到的隆重的仪式，他的尸体满是血迹和泥污，被烧焦后扔在大街上……这一切都是源于神的惩罚。所以，西塞罗说，神的惩处包括双重意思：生前的心灵折磨和死后的声名扫地，活着的人们对他们的死用判处和欢呼表示赞赏。

为了让祖宗的优良宗教传统延续下去，西塞罗主张将祭祀责任和遗产继承相联系，认为宗教仪式的义务应由财产继承者承担。而且，他还进一步主张所继承财产的数量和所承担的宗教责任完全相等，如果一个人凭遗赠得到的财产超过他不尽宗教责任应得到的财产数量，那么他应该通过"铜和秤"（形式上免除财产所有权仪式）解除其遗嘱继承人义务。

西塞罗重申宗教祭司的责任和权利，主张各种祭司分工负责，各司其职。罗马的宗教祭祀是在祭司的领导下进行的。在家庭的祭祀中，父亲是祭司。而公共崇拜则由几个祭司团来领导，所有的祭司团都必须接受百人大会选出的一位祭司长的领导。在祭司团体中，不同祭司的职责是不同的。西塞罗主张不同的神职人员应有不同的分工，不同的神应有不同的祭司：大祭司侍奉所有的神，弗拉米涅斯侍奉单个的神，维斯塔在城中维持国家灶火永不熄灭。他还将祭司进行了分类：一类主管典仪和献祭，另一类主管解释得到元老院和人民承认的预言和灵感附身者的令人费解的神谕，国家占卜官作为至高至尊的尤皮特的意志的解释者，则根据征兆和鸟飞进行预言，保持学说的纯洁性。同时他还主张应给神职人员规定具体的任务：祭司们应规定一年的节日安排，并事先预告需要哪些祭品，哪些祭品适合于哪位神，等等。在明确祭司人员的职责的同时，西塞罗也肯定了他们在职责范围内各自所拥有的权力。他特别对占卜官的权力进行了论述，这可能是他本人曾是一名占卜官的缘故。占卜作为一种宗教传统和惯例已经渗入罗马人生活的方方面面，它在罗马国家政治经济、军事生活中尤其发挥着重大作用。令笔者费解的是西塞罗对占卜的看法在不同的场合不同，甚至自相矛盾。在其著作《论占卜》中他提出一种超理性主义的信条，从而否认占卜的真实性，认为占卜术只不过是迷信的结果，它成功靠的是运气。然而，在《论法律》中他借马尔库斯之口说：预言是存在的。不仅罗马，而且其他王国、各个人民和民族都不乏许多事情的发生同占卜官的预言完全惊人的相符的实例。其实，他相信占卜的真实性并非本意，而是出于实用主义的需要：因为国家的情势而利用它，但最经常的是因为要通过某种决议。尽管如此，西塞罗还是对占卜官的权威给予了高度肯定。他认为：国家最重要、最根本的法是同占卜官的威望相联系的法；占卜官的权力是无穷的，他可以取消由最高权力机关或最高政权决定举行的会议和集会，或者解散业已开始的这样的会议和集会，可以终止业已开始的事情，可以决定执政官放弃自己的权力，等等。此外，西塞罗还对主管战和事务的祭司的权力作了论述，他认为战和事务祭司作为协商条约、讨论战争与和平的使者，有权决定是否进行战争。

　　西塞罗的宗教思想，林林总总，颇为庞杂，但其中并没有什么新的内容，只不过是对古罗马传统的宗教法规和习俗的强调和重复。不过，如果结合罗马共和晚期的现实来分析，我们不难看出西塞罗之所以强调这些宗教法规和习俗的真实用意。罗马共和晚期是一个动荡的时期，贪污腐化之风盛行，军事强人纷争不已，国家的法律制度遭到破坏，共和早期的优良传统更是荡然无存，罗马共和国已走到了穷途末路。对此西塞罗十分痛心。他想方设法挽救已病入膏肓的共和国，其中倡导向传统宗教习俗的回归是他所开的良方之一，因为宗教是罗马人生活中的重要组成部分。他想通过对古老传统宗教习俗的回顾和倡导唤起罗马人对罗马共和国盛世的美好记忆，从而使他们自觉地回归罗马早期的生活方式，以达到罗马共和国的长治久安。

第8章

最后的岁月

一、不幸的家庭生活

西塞罗于公元前77年与贵妇泰伦提亚结婚，二人育有一儿一女，刚开始，家庭富有，二人也很幸福。这从西塞罗给泰伦提亚的信中就可以看出。"我想起在所有人当中，像你这么高贵、忠诚、正直、宽厚的人……对我而言，世上没有人比你更亲"，"图利乌斯将最深的爱献给妻子泰伦提亚和他最可爱的女儿图利娅——他心中最爱的两个人"，这样的语句在早期二人的通信中很常见。

后来，信中的语气逐渐变得冷漠，后来夫妻通信干脆成为言语简短、毫无爱情表示的便笺。据分析，主要原因是泰伦提亚不能原谅西塞罗投奔庞培的军队。之后，泰伦提亚在西塞罗不在期间预先支取了归她个人使用的款项。二人之间已无信任可言。公元前45年，他们离婚了。

仅仅几个月后，西塞罗和他监护的少女普布利里亚结婚。他们之间的年龄差距引起了震惊和非议。泰伦提亚指责丈夫被少女的妩媚所迷惑，而实际上的理由是出于金钱方面的考虑。因为同普布利里亚结婚，西塞罗可以免去向她汇报财产消长之劳。但没过几个星期，他就为自己的轻率后悔不迭。他告诉阿提库斯："普布利里亚说她母亲打算来看我，如果我同意的话，她也一起来。她急切而谦卑地乞求我答应并给她回音。你瞧这真是讨厌。我回信说我比当初告诉她我想独处时的情况更糟，她千万别来。"这桩婚姻没有维持多久就解体了。

西塞罗有一子一女，他的儿子令他失望，儿子从来不曾达到父亲预期的成就标准，后来在压力下变成了酒鬼。对儿子失望的西塞罗，将感情转而投注在女儿身上。女儿图利娅拥有他希望的一切优点，他把自己最深的爱给了她。但图利娅很不幸，她于公元前56年改嫁，公元前51年再次离婚。最后一任丈夫多拉贝拉野心勃勃，生性粗俗，生活放荡不羁，西塞罗并不满意。后来，多拉贝拉抛弃了图利娅，图利娅因此病倒。她回到父亲身边，恢复了生活的勇气，曾试图与丈夫言归于好。但一年以后，在西塞罗与泰伦提亚决定分手时，她也离了婚。在公元前46年，图利娅因难产而去世。

图利娅的去世对西塞罗是一个巨大打击，使他心灰意冷。图利娅是西塞罗生命中最重要的人。他写信给一个朋友说："她活着的时候，我总能在她那里找到避难所，一个避风港。我拥有一个能用她甜蜜的谈话卸去我的忧愁与悲哀重负的女儿。"在图利娅去世后，西塞罗心碎欲绝。"我不跟任何人说话，一大早我就把自己藏在树林里，那里荒凉而幽深，直到傍晚才会出来。除你（阿提库斯）以外，孤独是我最好的朋友。我竭力与泪水作斗争，但我根本不是它的对手。"图利娅之死使西塞罗近乎崩溃。原本精力旺盛、总是同时做好几件事的西塞罗，被丧女之痛弄瘫痪了。他每天只剩下一个念头——帮女儿盖一座像样的纪念塔。图利娅之死是西塞罗生命中最深的痛。

二、悲惨的结局

公元前 43 年——恺撒被杀后的第二年，后三头同盟（屋大维、马可·安东尼、雷必达）掌握国家大权之后，起初，西塞罗幻想与屋大维合作，实现自己的政治理想，但屋大维在西塞罗协助之下当选执政官之后，马上背信弃义，同马可·安东尼、雷必达讲和，形成后三头。西塞罗起而反对这次政变，但政界再也没有他的位置了。如何处理西塞罗？新三巨头犹豫了很久，毕竟这不是个容易对付的人物。最后，他们决定沿用独裁者苏拉的办法。苏拉于公元前 82 年至公元前 79 年间公开实行残酷的军事专制，对反对他的人予以严厉的报复。其手段是不经任何法律手续，先后拟定三份犯人名单，宣告名单上的人为公敌，公布于罗马市政广场，任何人都可以不经审判杀死列入名单者。大概考虑到苏拉的法子太野蛮残忍，恺撒执政时期始终拒绝采用。

"宣告"意味着死刑：官府人员追杀这些人自不待言，任何人（包括奴隶）如遇到"人民公敌"均可对其格杀勿论，后者在报告官府验证属实后，还可以领到被称为"人头费"的赏金。"宣告"意味着"公敌"拥有的所有财产统统没收充公，化为乌有。他们的后代子孙将永无出头之日——官府将其记入另册，永不叙用。"公敌宣告"这种大规模的恐怖措施，成为统治者之间为争夺最高权力残酷斗争的一种手段。这次宣告公敌后，在各地约有两千六百名骑士、九十个同情所谓敌人的元老院元老和两千位反对党人死于非命。

对于西塞罗来说，屋大维是骑墙派、见死不救者和落井下石者；马可·安东尼则是他的死敌。马可·安东尼与西塞罗积怨甚深。公元前 63 年，西塞罗竞选执政官时，盖乌斯·安东尼乌斯是竞争对手，却败在西塞罗的手下。在恺撒遭暗杀后，西塞罗处处和他为敌：元老院根据西塞罗的提议，曾把马可·安东尼宣布为"公敌"。西塞罗还连续发表了十四篇反对马可·安东尼的演说。连西塞罗力主声援屋大维——在马可·安东尼看来——也没有安什么好心。再加上他的妻子福尔维亚的前夫克劳狄乌斯也是西塞罗的宿敌。公元前 52 年，克劳狄乌斯被米洛杀害，西塞罗竟然为米洛作无罪辩护。故而在马可·安东尼提出的人民公敌的名单中，西塞罗自然名列前茅。而屋大维在考虑、犹豫了三天之后，方同意加上西塞罗的名字。屋大维知道恺撒被杀的消息时，他还在希腊，赶回罗马却遭到马可·安东尼的冷遇和排斥。当时的屋大维势孤力单，只得诉诸西塞罗和元老院。西塞罗、元老院为了利用他们之间的矛盾，不惜采取了扶植屋大维的策略：提升他为元老院成员，甚至同意为他招募的军队提供财政资助……现在屋大维的当务之急是联合马可·安东尼回过头来对付元老院的时候了。屋大维权衡再三，以大局为重，最后牺牲了西塞罗。

当新三巨头商讨此事时，西塞罗和弟弟昆图斯正在外地。获悉不受法律保护者名单后，他们准备乘船到马其顿。不过，因弟弟推迟了行期，他很快被仆人出卖遭杀。那时西塞罗心烦意乱地来到海边的别墅。12 月 17 日，效忠于他的仆人正用轿子抬着他向大海走去，企图让主人逃命。但是一个从弟弟昆图斯那里获得自由的年轻奴隶出卖了他，追赶的百人队队长在树林中赶上了轿子，西塞罗曾为这个队长出庭辩护过（罪名是杀害长辈罪）。西塞罗见他走来，凝视着他，勇敢地面对死亡。最终，西塞罗被杀害。

按照马可·安东尼的命令，在罗马西塞罗经常演讲的讲坛放上了西塞罗的头颅和用来写反对马可·安东尼讲稿的右手。这些战利品依世纪之初内战最为惨烈期间创下的一种习俗，被钉在了罗马城市广场的讲坛上。马可·安东尼宣布：西塞罗一死，就可以废除宣布不受法律保护这一法令了。

很久以后，有次奥古斯都（屋大维）去探视他的一名外孙，发现外孙手里拿着一本西塞罗的著作。他拿过书，对外孙说："我的孩子，这位作者有高深的学问，还是一位爱国志士。"奥古斯都一出任执政官，马上推举西塞罗的儿子担任另外一位执政官。在他任职期间，元老院下令拆除马可·安东尼的所有雕像，废除他所获得的一切荣誉，规定马可·安东尼家族的任何成员不得使用马可的名字。

第9章

历史面前的西塞罗

西塞罗是一位受过高深教育的学者，在多个领域都极有造诣。西塞罗求名的欲望非常强烈，他一直大声疾呼要刀剑听命于长袍，征战的桂冠让位于辩才。在收受贿赂成为风气的年代，西塞罗的清廉、仁慈格外令人瞩目，他深受人民爱戴。泰勒曾说："毫不夸张地说，西塞罗把罗马的公共生活引入了最辉煌的岁月，并随着他的去世而结束，他立于这岁月的摇篮中，他跟随着这岁月的灵车。"

西塞罗出身于骑士阶层，共和国末期政治风云的扑朔迷离使西塞罗走上了为共和制辩护的道路，并成为这一派的头目，直至为此献出生命。他之所以以骑士立场开始而以投身元老院结束，一个关键的因素就是他对共和与独裁的对立采取了理想化的看法。他的共和国斗士的形象在后人眼里很有光彩，杰斐逊就常提到西塞罗。

西塞罗将荣誉视为高于一切，他要让远远超出一般人的抱负得以实现：在镇压喀提林叛乱时期，他是罗马最重要的人；有近二十年时间，征战在几乎所有政治斗争的前沿。他是一个在广场上慷慨陈词、充满激情地抨击不义、激励软弱的元老院与城邦同命运共存亡的大人物，一个忠诚的共和主义者，一个古罗马爱国者的楷模。

西塞罗是一个传奇。他做过执政官，曾是个大权在握的人。他也曾被驱逐，成为政客的附庸，甚至贫穷到要与富家女结婚来解除他巨大的债务。他的一生见证了罗马从民主政治到独裁政治的历史，他本人在庞培、克拉苏、恺撒之间，再从恺撒、布鲁尼、马可·安东尼与小恺撒这些政敌之间游走，有时尽管站错了队，但是，他伟大的人格，比如清廉与仁慈使当时的平民和贵族，包括骑士和元老院的人都支持他。在他被驱逐出罗马时，元老院的人也同他一起更衣换服，为之请命；被放逐期间，有人资以重金，被他拒绝。在他放弃庞培，倒向恺撒时，后者仍接纳了他。最后是小恺撒，尽管为了政治利益而出卖了西塞罗，但是他对西塞罗的评价却是："他有高深的学问，还是一位爱国志士。"所以，在小恺撒打败了马可·安东尼后，就任命西塞罗的儿子作为他的执政同僚。这说明，他对西塞罗的尊敬是由衷的。普卢塔克对他的评价也非常之高，他形容西塞罗的生活"丰富而有节制"。在普卢塔克看来，西塞罗正是那个应验了柏拉图预言的人——当大权和智慧由于某种幸运和正直一起在同一个人身上结合时，城邦可以免除灾难。

西塞罗是古代最伟大的演说家之一。在两千年以后，他的演说仍然保持着生命力。很多世纪以来，他是联结希腊品位和人类整体的纽带。他有这样的力量，他记述下它们，并使之播行世界。他用希腊思想拖动沉重的罗马战车，把罗马庞大而无规制的民众引入了文明之道，捕捉到了原本会在他们头顶之上一掠而过的光芒。这个成就无须多言，它举世公认。

西塞罗在古罗马历史上是一个灵魂性人物。他驰骋罗马政坛，在学术思想上主要承袭于古希腊思想家。也因这一传统认识，使得西塞罗往往被误认为在哲学上并无多大建树，在理论上更是缺少独创性、一贯性的人物，后世学者也更多地将他定位于一个实务家。但是真正细读西塞罗，我们也许只能承认此种见解的部分正确性。

施特劳斯在《政治哲学史》中阐述了他独到的见解，他认为西塞罗不仅是一位政治家，同时也是一位严肃的哲学学者，他的哲学不是一种独断性的系统性的专门学说或者理论，而是一种生活方式。西塞罗所面临的时代，正值罗马共和制衰落的时期，时事变迁气势恢宏，而西塞罗作为身居罗马政治制度高位的执政者，更是处在这一激流旋涡的中心位置，因此，西塞罗向往和追求的是一种政治生活，而非哲学家的夸夸其谈。当然，西塞罗在《论共和国》中的一些地方也时常表现出某种自相矛盾的倾向，他一方面肯定追求超越性知识的好处，另一方面又更加注重罗马的思想实践。其实这两种倾向正是西塞罗同时所要追求的，在他身上也是得到统一的。施特劳斯认为西塞罗同时履行着作为一个哲学学者探索超越性知识的义务和一个政治家对现存政治制度的职责。

对西塞罗缺乏理论独创性的责难，部分是基于一种形式方面的原因，即西塞罗的作品并非如一般著述家那样，将其学说体系化、系统化地浓缩在一部著作中，依靠作者自己的论述独断地表示见解。假如西塞罗独断性、专门性地论述他的政治法律思想，则使充满智慧的西塞罗陷入一种凝固的定论，而这与他灵活丰富的政治实践思维是格格不入的。西塞罗或许会认为任何一套模式化、专门化的理论要能统领概括他一生的多舛政治命运和罗马历史与现存的政治秩序原理是徒劳的。因此，对于西塞罗文中种种的暧昧和模棱两可，有时甚至是前后不一致，我们只能认为西塞罗真实的思想是一种游移于各方争论之中的超越于字词表面紧张关系的暗语，也是他不断往返于罗马政治实践和超越性原则理论的必然结果，施特劳斯说西塞罗表面性的片断式争论和真理的展示却往往向严肃的学者传达着哲学真理。

身居罗马要职的西塞罗固然一方面履行着政治家对于现存秩序的责任，而鼓励公民积极投身于公共事务中去，为罗马国家的建设贡献实质性的力量，而另一方面也丝毫不忘提醒我们，政治生活仍然存在自身的局限性，哲学家对永恒性知识的追求才具有真正的至高无上性。

西塞罗的观点无疑让我们认为他在制度设计和制度变迁上所持的是保守主义者的立场，即社会的制度安排不是依靠非凡人物的一己之力和智慧就能随便建立起来的，也不是依靠外在的社会革命力量能够短时间内创制的，而是依靠历史实践和人们的代代相传积累才能够逐渐添砖加瓦，无意识地形成的。西塞罗的这种保守主义立场固然一方面是对罗马现存贵族共和制的历史由来的主观自得，但是另一方面也体现了他重视历史经验、历史实践在构建良好制度上的重要作用，相比古希腊思想家柏拉图的哲学王的空想设计无疑是一种进步。也许陷于西塞罗的词语迷雾，只窥见话语树木而不俯瞰整个理论森林，不从西塞罗内在的目的和用意去把握，是难以探寻其中深层智慧的。

对西塞罗这种包罗万象的解读也是他的魅力所在，正如萨拜因所作的评价："他的书有一个绝对不容忽视的优点，无论谁都要读。"因为"一种思想一旦保存在西塞罗的著作里，那它就会在全部未来的时光里为广大的读者保存下来"。

古往今来的许多哲学家、思想家与政治家的区分一般都是泾渭分明的，比如，卢梭之于罗伯斯庇尔，马克思之于俄国革命家，但是在西塞罗的身上，这两种身份并非截然分明。即使西塞罗不是一个纯粹的哲学家，但也并非纯粹的政治家，毋宁说他是一个哲学家和政治家的中间体，很好地融合了两者的特长，也出色地履行了两者的职责。既在一定程度上维护了罗马贵族共和制，创造了罗马的伟大辉煌，又为后世留下了丰富的思想遗产。西塞罗作为人和其学说的内涵丰富至极，固然仁者见仁，智者见智，经典的诠释没有永远正确的解读，但必须牢记的是，对于历史人物和历史学说的认识，我们不能以一种简单的态度对其进行定性，而必须时刻保持清醒而又开放的态度，尤其是在对待西塞罗及其学说的时候。

附　录

年　谱

前 106 年　1 月，西塞罗出生。

前 88 年　学园派领袖拉里萨人菲隆出访罗马，西塞罗与之交往甚密。

前 81 年　苏拉在独裁官任上推行宪政改革，设立 7 个由元老院控制的刑事
　　　　法庭；西塞罗发表《为 P. 昆克提乌斯辩护》。

前 80 年　西塞罗发表《为塞克斯图斯·罗斯基乌斯·阿墨里努斯辩护》。

前 79~前 77 年　西塞罗出游雅典、罗得斯岛，以及小亚细亚。

前 76 年　西塞罗写成《为喜剧演员罗西乌斯辩护》。前往西西里省出任财
　　　　务官，并成为元老院成员。

前 73~71 年　西塞罗发表《为马·图利乌斯辩护》。

前 70 年　审判威勒斯；西塞罗发表《控盖·威勒斯》《关于城市裁判官任
　　　　职》《关于对西西里的辖治》《关于粮食征收》《关于艺术品》《关
　　　　于惩处》。

前 69 年　西塞罗出任市政官；发表《为阿·凯基那辩护》《为丰特尤斯辩
　　　　护》。

前 66 年　出任行政长官，主持反腐法庭的工作。西塞罗发表《为马尼利乌
　　　　斯法案辩护，或关于对 G. 庞培的授权》。西塞罗发表《为克鲁恩提
　　　　乌斯辩护》。

前 63 年　西塞罗出任执政官；发表《关于土地法案》《为 C. 拉比里乌斯
　　　　辩护》；喀提林阴谋暴露，西塞罗发表《反喀提林演说》（共四篇）；
　　　　另发表《为穆列纳的辩护词》。

前 62 年　喀提林被打败并战死；西塞罗发表《为普·苏拉辩护》《为诗人

148

阿·利基尼乌斯·阿尔基亚辩护》；西塞罗的死敌克劳狄乌斯在恺撒家作出亵渎女神丑闻。

前 58 年 西塞罗遭放逐。

前 57 年 9 月 4 日，西塞罗回到罗马。西塞罗发表《致谢元老院》《致谢人民》《为住宅问题致大祭司》。

前 56 年 西塞罗力图分裂三头同盟；发表《为 P. 塞斯提乌斯辩护》《控瓦提尼乌斯·讯问证人》《为 M. 凯利乌斯·鲁弗斯辩护》；卢卡会议使"三头同盟"得到重新巩固。西塞罗为自己遭受的放逐翻案。西塞罗发表《关于行省执政官阶总督的委命》《关于占卜官问题的答复》《为 L. 科内利乌斯·巴尔布斯辩护》。

前 55 年 西塞罗发表《控皮索》，并动手写作三卷本大作《论演说家》。

前 54 年 西塞罗为瓦提尼乌斯辩护；发表《为 G. 普朗西乌斯辩护》《为埃米利乌斯·斯考鲁斯辩护》；为加比尼乌斯辩护。西塞罗动笔写作《论共和国》（历经前 54~前 51），《论法律》（约于前 54 年开始构思动笔，并于前 46 和前 44 年修订），《演说术部目》（一说写于前 54 至前 52 年，另说写于前 45 至前 44 年）。

前 53 年 西塞罗被增选加入占卜官团。西塞罗发表《为 C. 拉里比乌斯·波斯图穆斯辩护》（一说发表于前 52 年）。

前 52 年 米洛受到审判，西塞罗发表《为米洛辩护》。

前 51~前 50 年 西塞罗任西利西亚省总督（前 51 年 7 月~前 50 年 6 月）。

前 50 年 11 月 24 日西塞罗返回意大利。

前 49 年 恺撒与庞培之间的内战爆发。3 月 28 日，恺撒与西塞罗会见。7 月 7 日，西塞罗追随庞培前往希腊。

前 48 年 西塞罗回到布林迪西。

前 47 年 恺撒占据埃及、叙利亚和亚细亚；于 9 月返回意大利，并赦免西塞罗。

前 46 年 西塞罗发表《为马尔克卢斯辩护》《为利加里乌斯辩护》，并写成《布鲁图》。

前 45 年 西塞罗发表《卡托颂》，写成《为德伊奥塔罗斯王辩护》《荷尔滕西乌斯》《学院派哲学》《论至善与至恶》《图斯库兰讨论集》《图斯库卢姆谈话录》《论神性》《论老年》。

前44年　西塞罗与马可·安东尼反目；西塞罗在背后控制元老院的领导权，并与屋大维达成和约；西塞罗发表第一至第四篇《反腓力词》，以及《论义务》《论占卜》《论友谊》《命题集》《论命运》。

前43年　内战爆发。西塞罗发表第五至第十四篇《反腓力词》。11月，屋大维与马可·安东尼、雷必达组成"后三头同盟"，宣布公敌大清洗；12月7日西塞罗遇害，时年64岁。

主要著作

1. 前86年，《论修辞学的发明》，写于公元前91年左右。

2. 前55年，《论演说家》。

3. 前51年，《论共和国》（《论国家》），于公元前54年开始写作。

4. 年代未知，《论法律》，于公元前51年开始写作。

5. 前46年，《加图颂词》。

6. 前46年，《布鲁图》《演说家》。

7. 前46年，《斯多亚的悖论》。

8. 前46年，《自我安慰》。

9. 前45年，《荷尔滕西乌斯：哲学的劝勉》。

10. 前45年，《学院派怀疑论》（《学院派哲学》）。

11. 前45年，《论至善与至恶》（《论道德目的》《论善与恶之定义》）。

12. 前45年，《图斯库卢姆论辩》。

13. 年代未知，《论占卜》，于公元前45年开始写作。

14. 前45年，《论老年》（《老加图》）《论神性》（《论神之本性》）《论命运》《论名声》《命题篇》《莱伊利乌斯：论友谊》《论义务》。

参考书目

1. 西塞罗著，沈叔平、苏力译：《国家篇·法律篇》，商务印书馆，2002年。

2. 西塞罗著，郭国良译：《西塞罗散文》，浙江文艺出版社，2000年。

3. 西塞罗著，王晓朝译：《西塞罗全集·演说词卷》，人民出版社，2008年。

4. 西塞罗著，徐奕春译：《有节制的生活》，天津人民出版社，2007年。

5. 皮埃尔·格里马尔著，董茂永译：《西塞罗》，商务印书馆，1998年。

6. 普鲁塔克著，席代岳译：《希腊罗马名人传》，吉林出版集团有限责任公司，2009年。

7. 谢·勒·乌特琴柯：《恺撒评传》，中国社会科学出版社，1986年。

8. 撒路斯提乌斯著，王以铸、崔妙因译：《喀提林阴谋 朱古达战争》，商务印书馆，1996年。

9. 巫宝三：《古代希腊、罗马经济思想资料选辑》，商务印书馆，1990年。

10. 于贵信：《古代罗马史》，吉林大学出版社，1988年。

11. 朱龙华：《世界历史》（上古部分），北京大学出版社，1991年。

12. 弗朗切斯科·德·马尔蒂诺著，薛军译：《罗马政制史》（第1卷），北京大学出版社，2009年。

13. 阿庇安著，谢德风译：《罗马史》，商务印书馆，2009年。

14. 雅斯贝斯：《历史的起源与目标》，华夏出版社，1989年。

15. R.H. 巴洛著，黄韬译：《罗马人》，上海人民出版社，2000年。

16. 林国荣：《罗马史随想》，上海三联书店，2005年。

17. 爱德华·吉本著，黄宜思、黄雨时译：《罗马帝国衰亡史》，商务印书馆，1977年。

18. 迈克尔·格兰特著，王乃新、郝际陶译：《罗马史》，上海人民出版社，2008年。

19. 孟德斯鸠著，婉玲译：《罗马盛衰原因论》，商务印书馆，1962年。

20. 纳撒尼尔·哈里斯著，卢佩媛译：《古罗马生活》，希望出版社，2007年。

21. 威尔·杜兰著, 台北幼狮文化公司译:《恺撒时代: 名人与时代》, 东方出版社, 2005 年。

22. 杨共乐选译: 世界史资料丛刊《罗马共和国时期》（下）, 商务印书馆, 1998 年。

23. 理查德·詹金斯著, 晏绍祥、吴书屏译:《罗马的遗产》, 上海人民出版社, 2002 年。

24. 亚里士多德著, 吴寿彭译:《政治学》, 商务印书馆, 1965 年。

25. 罗素:《西方哲学史》（上卷）, 商务印书馆, 1997 年。

26. L. Strachan-Davidson. *Cicero and the fall of The Roman Republic.* London: The Knickerbockers Press, 1906

27. Cicero. Letters of Cicero. Translated By Shuckburg, E. S, Publication: Hoboken, N. J. BiblioBytes [EB/OL] . http://www. netlibrary. com/Details. aspx? ProductId = 2008443&Terms = letters + of + Cicero&ReturnLabel = lnkSearchResults &ReturnPath=/Search/SearchResults. aspx Plutarch. Robert Maynard Hutchins, Editor in Chief. *The Lives of The Noble Gracians and Romans.*" Great Books of the Western world Vol. 14. Chicago, ".The University of Chicago Press, 1952.

28. Andrew Lintott. *The Constitution of the Roman Republie.* Oxford and New York: Oxford University Press, 2002.